D1880217

भारत के जमानत कानूनों का सरलीकरण

कपिल चांदना
अधिवक्ता

Lenin Media
लेनिन मीडिया प्रा०लि०
दिल्ली

भारत में प्रथम बार वर्ष 2021 में लेनिन मीडिया द्वारा प्रकाशित

प्रतिलिपि अधिकार लेखके के पास सुरक्षित

आई0एस0बी0एन0: 978–81–949928–8–2

सभी अधिकार सुरक्षित। इस किताब का कोई भी भाग प्रकाशक की बिना पूर्व अनुमति के पुनः प्रस्तुत नही किया जा सकता, ऐसी प्रणाली में संधारित नही किया जा सकता जहॉ से दोबारा प्राप्त किया जा सके अथवा किसी तरीके अथवा माध्यम इलेक्ट्रानिक, यांत्रिकी, फोटो प्रतिलिपि रिकार्डिंग अथवा अन्य किसी तरीके से सम्प्रेषित नही किया जा सकता।

लेनिन मीडिया प्रा0लि0

204, द्वितीय तल, दुर्गा काम्पलेक्स
सी0एस0सी0, मयूर विहार फेस–2
नई दिल्ली–110091
सम्पर्क– 011–43035436, 9818148113
Email: leninmediapublishers@gmail.com
Website:www.leninmedia.com

लेजर टाईपिंग
प्रियंका ग्राफिक्स, दिल्ली

प्रकाशित व मुद्रण एवं बाइडिंग दिल्ली में

मूल्य ₹ 149/–

यह पुस्तक

भगवान शिव व माता पार्वती को अर्पित है।

विषयवस्तु

अध्याय-1

भारत में जमानत के कानून

सिर्फ इसलिए कि एक व्यक्ति को किसी अपराध के लिए आरोपित किया गया है, यह अपेक्षित नही है कि उक्त व्यक्ति को असीमित अवधि के लिए जेल में निरूद्ध रखा जायेगा अर्थात जब तक कि विचारण समाप्त नही हो जाता, जबकि ज्यादातर मामलो में आरोपी आरोप से उन्मोचित हो जाता है और चूँकि अभियुक्त को तब तक कि जब तक उसे युक्तियुक्त संदेह से परे दोष सिद्ध नही कर दिया जाता, ऐसा करना भारत के संविधान के अनुच्छेद 21 में प्रावधानित व्यक्तिगत स्वतंत्रता के विरूद्ध है जिसके अन्तर्गत उसे अपनी प्रतिरक्षा करने के लिए सभी जरूरी गारंटी उपलब्ध है।

भारत के उच्चतम न्यायालय ने अपने एक निर्णय में यह अवधारित किया गयाः–

"यह एक सुस्थापित सिद्धांत है कि विचारण से पूर्व अभिरक्षा को दंडात्मक रूप से उपयोग नही की जानी चाहिए। सिर्फ यह तथ्य कि मामले में गंभीर अपराध सम्मिलित है अपने आप में निष्कर्षात्मक नही है।

स्वतंत्रता से वंचित रखने के लिए जमानत नामंजूर करने को सजा देने के लिए एक हथियार के रूप में उपयोग नही किया जाना चाहिए अथवा दंडात्मक उददेश्य के लिए उपयोग नही किया जाना चाहिए, अपितु इसका उपयोग संबंधित व्यक्ति अथवा प्रभावित समाज के न्यायहित में किया जाना चाहिए"

यह भी, कि जब जमानत एक नियम है, व जेल एक अपवाद है, तो अभियुक्त को अपने मामले को अच्छी तरह से बचाव करने के लिए जमानत की सुविधा प्रदान की जानी चाहिए जब तक कि न्यायालयों के पास यह विश्वास करने के कारण न हो कि अभियुक्त विचारण के दौरान उपस्थित रहेगा अथवा जमानत प्रदान करना समाज के हित में नही है।

जमानत क्या है?

अभियुक्त व्यक्ति को रिहा करना, उसके द्वारा व्यक्तिगत बंध पत्र अथवा प्रतिभू (जमानती) प्रस्तुत करके यह सुनिश्चित करने के लिए कि वह न्यायालय द्वारा आरोपित शर्तों का पालन करेगा और मामले के विचारण के दौरान उपस्थित रहेगा।

उददेश्य

जमानत का उददेश्य न ही दंडात्मक है न ही निवारक है। स्वतंत्रता से वंचित रखने को एक सजा के तौर पर समझा जाना चाहिए जब तक कि ऐसा करना अभियुक्त की उपस्थिति विचारण के दौरान न्यायालय में सुनिश्चित करने के लिए न हो।

अभियुक्त के जीवन के अधिकार व स्वतंत्रता के अधिकार का उल्लघंन नही होना चाहिए और जमानत पर रहने के दौरान अभियुक्त को उसके मामले का बचाव करने का उचित अवसर प्रदान किया जाना चाहिए।

"व्यक्तिगत स्वतंत्रता एक अमूल्य मौलिक अधिकार है और इसमें कटौती तभी की जानी चाहिए जब मामले की विशेष परिस्थितियों एवं तथ्यों को देखते हुए ऐसा करना आवश्यक हो।"

दो तरह के अपराध

जमानती अपराध

दंड प्रकिया संहिता 1973 जमानती अपराध को पहले परिशिष्ट में परिभाषित किया गया है अथवा ऐसे अन्य अपराध जिन्हें किसी अन्य कानून के अंतर्गत जमानती बनाया गया हो।

जमानती अपराध वो अपराध है जिसमें अभियुक्त को अधिकार के तौर पर व्यक्तिगत बंधपत्र अथवा प्रतिभू प्रस्तुत करने पर जमानत प्रदान की जाती है।

गैर जमानती अपराध

जमानती अपराध के अलावा जो अपराध हैं उन्हें गैर जमानती अपराध समझा जाता है एवं गैर जमानती अपराधों में जमानत अधिकार के तौर पर प्रदान नही की जाती है, परंतु जमानत न्यायालय के विवेकाधिकार पर निर्भर करती है।

दंड प्रकिया संहिता 1973 के परिशिष्ट –1 के भाग–1 में भारतीय दंड संहिता 1860 में परिभाषित अपराधो को जमानती और गैर जमानती के रूप में उल्लिखित किया गया।

क्या एक व्यक्ति जिसे गैर जमानती अपराध से आरोपित किया गया है, गिरफ्तारी पूर्व जमानत के लिए याचिका प्रस्तुत कर सकता है?

हॉ, एक व्यक्ति जिसे गैर जमानती अपराधों से आरोपित किया गया है गिरफ्तारी पूर्व जमानत के लिए अथवा अग्रिम जमानत याचिका दायर कर सकता है।

दंड प्रकिया संहिता 1973 की धारा 438 अभियुक्त को यह अधिकार प्रदान करती है कि सत्र न्यायालय अथवा उच्च न्यायालय के समक्ष अग्रिम जमानत की याचिका प्रस्तुत कर सकता है।

माननीय उच्चतम न्यायालय ने पहली बार अग्रिम जमानत से सबंधित विधियों को स्पष्ट किया जो निम्न प्रकार है (2)

1. हालांकि, धारा 438 के अंतर्गत निहित शक्ति, असाधारण प्रकृति की है परंतु इसका उपयोग अपवाद स्वरूप मामलो में करना उचित नही है। इन शक्तियों का उपयोग करते हुए जरूरी सावधानी और एहतियात बरती जानी चाहिए।

2. प्रार्थी/याचिकाकर्ता जो अग्रिम जमानत के लिए याचिका दाखिल कर रहा है, उसे न्यायालय को आवश्यक रूप से संतुष्ट करना होगा कि उसके पास विश्वास करने का कारण है कि उसे गैर जमानती अपराध के लिए गिरफ्तार किया जा सकता है।

3. धारा 438 के अंतर्गत शक्ति का प्रयोग करने के लिए प्रथम सूचना रिपोर्ट का दर्ज होना एक पूर्व आवश्यकता नही है। गिरफ्तार किये जाने की प्रबल संभावना जो कि एक युक्तियुक्त विश्वास पर आधारित हो, का अस्तित्व में होना तब भी दर्शाया जा सकता है जब प्रथम सूचना रिपोर्ट (थ्प्त्द्ध दर्ज नही की गयी हो।

4. व्यापक आदेश, जैसे कि जब किसी भी अपराध के लिए गिरफ्तार किया जाये, चाहे वह कुछ भी हो, के तरह के आदेश सामान्यतया अग्रिम जमानत के मामलों में पारित नही की जानी चाहिए।

5. धारा 438(1) के अंतर्गत पारित आदेश के प्रभाव को सीमित समय तक लागू करने की आवश्यकता नही है, परंतु न्यायालय ऐसा कर सकता है, यदि ऐसा करना आवश्यक हो, तो आदेश के अंतर्गत निहित मामले के सबंध में प्रथम सूचना रिपोर्ट दर्ज होने तक सीमित किया सकता है।

6. व्यक्तिगत अधिकारों एवं जॉच एजेंसियों की जॉच करने की शक्तियों/समाज के हितों के बीच संतुलन बनाए रखने के लिए न्यायालय अग्रिम जमानत प्रदान करते समय युक्तियुक्त शर्ते आरोपित कर सकती है।

7. न्यायालय इस विषय पर संतुष्ट होने के उददेश्य से कि अभियुक्त आरोपित शर्तों का उल्लघंन नही करेगा अथवा विचारण के समय उपस्थित रहेगा पर्याप्त प्रतिभू ले सकती है।

8. अग्रिम जमानत याचिका पर फैसला देते समय न्यायालय का दायित्व यह है कि अभियुक्त की व्यक्तिगत स्वतंत्रता के अधिकार

एवं पुलिस की अनुसंधान करने की शक्तियों के बीच एक संतुलन बनाये रखे।

क्या अग्रिम जमानत असीमित समय सीमा के लिए प्रदान की जा सकती है?

अग्रिम जमानत प्रदान करने के आदेश की अवधि सामान्य रूप से उस प्रक्रम पर समाप्त नही हो जाती जब अभियुक्त को कोर्ट द्वारा सम्मन जारी किया जाता है/अथवा जारी कर उपस्थित होने को कहा जाता है अथवा जब आरोप विरचित किये जाते हैं, बल्कि विचारण के समाप्त होने तक यह आदेश प्रभावी रहता है(3)

पुनः यदि कुछ विशेष कारण अथवा परिस्थितियॉ मौजूद है जिससे कि न्यायालय को अग्रिम आदेश की अवधि को एक तय समय तक के लिए सीमित करना पड़े तो न्यायालय द्वारा ऐसा किया जाना वैध है।

अग्रिम जमानत प्रदान करने में विचार योग्य कारक

- आरोपों की प्रकशति व गंभीरता।
- अभियुक्त के विरूद्ध लगाये गये आरोपो की सत्यता।
- प्रथम दृष्टया अथवा युक्तियुक्त आधार यह विश्वास करने के लिए कि अभियुक्त द्वारा विधिक प्रकिया/न्यायिक प्रकिया से भागने/गैर हाजिर होने की संभावना है अथवा क्या अभियुक्त एक सुदशढ सामाजिक पशष्ठभूमि का व्यक्ति है।
- अभियुक्त का पूर्व आचरण अर्थात, क्या वह आदतन अपराधी है।
- अभियुक्त द्वारा निष्पक्ष जॉच अथवा विचारण में व्यवधान उत्पन्न करने की संभावना है।
- शिकायतकर्ता/गवाहों को धमकी देने अथवा सबूतों से छेड़छाड़ करने की संभावना।
- मामले में अभियुक्त को अभिरक्षा में रखकर पूछताछ करने की आवश्यकता।

- अन्य तथ्य है अपराध के कश्त्य को दोहराए जाने की संभावना ।
- इस बिंदु का निष्पक्ष विश्लेषण करना कि क्या अभियुक्त ने जॉच में भाग लिया एवं जॉच में ष्सहयोगष प्रदान किया।

जॉच में 'सहयोग' का अर्थ क्या है?

सिर्फ इसलिए कि अभियुक्त वह स्वीकार नही कर रहा है, जैसा पुलिस चाहती है, इसका अर्थ यह नही है कि अभियुक्त जॉच में सहयोग नही कर रहा है(4)

यह सुस्थापित विधि है कि न्यायालय अभियुक्त के विरूद्ध विपरीत निष्कर्ष दे सकती है परंतु पुलिस अभियुक्त को हिरासत में पूछताछ के जरिये किसी प्रश्न का जबाव/स्वीकारोक्ति के लिए मजबूर नही कर सकती है(5)

इसमें कोई संदेह नही है कि पुलिस को मामले का अनुसंधान अपने हिसाब से विधि अनुसार करने की शक्ति है, इसका अर्थ यह नही है कि पुलिस सिर्फ इसलिए अपनी शक्तियों का प्रयोग करेगी क्योंकि शिकायतकर्ता द्वारा प्रस्तुत शिकायत में अभियुक्त के विरूद्ध आरोप लगाए गये हैं।

हिरासत में पूछताछ प्रताड़ना के लिए व्यंजना है।

अग्रिम जमानत याचिका पर विचार करते समय न्यायालय को इन सभी तथ्यों को ध्यान में रखना होता है, विशेष कर व्यापारिक विवाद व सिविल विवाद के मामलो में।

गैर जमानती अपराध में गिरफ्तारी के बाद अभियुक्त के अधिकार क्या है?

गैर जमानती अपराध मे अभियुक्त के गिरफ्तार होने के बाद, वह दंड प्रकिया संहिता की धारा 437 अथवा 439 के अंतर्गत नियमित जमानत याचिका प्रस्तुत कर सकता है।

जमानत मंजूर करने अथवा नामंजूर करने में विचारणीय कारक

माननीय उच्चतम न्यायालय ने जमानत प्रदान करने अथवा नामंजूर करने के लिए निम्नलिखित कारकों को ध्यान में रखने का सिद्धांत प्रतिपादित किया है(6) जो निम्नानुसार है।

1. क्या प्रथम दश्ष्टया अथवा युक्तियुक्त कारण मौजूद है यह विश्वास करने के लिए कि अभियुक्त द्वारा अपराध किया गया है,
2. आरोप की प्रकृति और गंभीरता,
3. दोषसिद्धि की दशा मे सजा की कठोरता,
4. अभियुक्त को जमानत पर छोड़े जाने की दशा उसके भागने अथवा भगोड़ा हो जाने का खतरा,
5. अभियुक्त का चरित्र, आचरण, आर्थिक क्षमता, स्थिति एवं सामाजिक पृष्ठभूमि
6. अपराध के कृत्य के दोहराये जाने की संभावना।
7. गवाहों से छेड़छाड़ किये जाने की युक्तियुक्त संभावना, एवं
8. जमानत प्रदान किये जाने पर न्याय प्रकिया के गला घोंटने/निष्प्रभावी करने की संभावना।

विचारण से पूर्व कोई विचारण नही

जमानत प्रदान किये जाने के प्रकम पर, साक्ष्य का विस्तशत परीक्षण एवं विस्तृत कारण जो मामले के गुण दोष तक पहुँचते हो जिससे अभियुक्त के प्रति पूर्वाग्रह कारित हो, करने से बचना चाहिए।" (7)

जमानत प्रार्थना पत्र के प्रकम पर न्यायालयो से सामान्य अनुकम में यही अपेक्षा की जाती है कि विश्वास करने के युक्तियुक्त आधार पर विचार करे न कि साक्ष्य पर।

इस स्तर पर यह अपेक्षा नही की जाती है कि साक्ष्य जो कि अभियुक्त की युक्तियुक्त संदेह से परे दोषी साबित करने पर विचार किया जाए''

अपराध की प्रकृति व गंभीरता

सिर्फ इस कारण कि, जो आरोप लगाये गये हैं वह गंभीर व घिनौने अपराध से सबंधित हैं जैसे कि गंभीर आर्थिक अपराध जमानत पर नामंजूर नही की जानी चाहिए, अगर अन्य कारके अभियुक्त के पक्ष में हैं(8)

आर्थिक अपराध 'गंभीर अपराधों' की श्रेणी में आयेगें और जमानत प्रदान करते समय अभियुक्त के विरूद्ध लगाये गये आरोप की प्रकृति पर विचार किया जाना चाहिए और साथ ही आरोपित अपराध के लिए सजा की प्रस्तावित अवधि को भी संज्ञान में लिया जाना चाहिए।

अतः यह फैसला करने में कि, क्या जमानत प्रदान किया जाना चाहिए, आरोप की गंभीरता और सजा की कठोरता, दोनो ही बिन्दुओं पर विचार करना चाहिए।[८]

प्रथम जमानत पत्र निरस्त होने के बाद क्या विकल्प हैं?

यदि प्रथम जमानत प्रार्थना पत्र न्यायिक दंडाधिकारी अथवा सत्र न्यायधीश के न्यायालय द्वारा निरस्त/खारिज कर दिया जाता है तो अभियुक्त ऐसे निरस्तीकरण के विरूद्ध सत्र न्यायालय/अथवा उच्च न्यायालय जैसा भी मामला हो, के समक्ष अपील दायर कर सकता है अर्थात अभियुक्त निरस्तीकरण के आदेश को अनुकम के अनुरूप अगले उच्चतर न्यायालय में चुनौती दे सकता है।

हालांकि, यदि अभियुक्त उसी न्यायालय के समक्ष, जिसके द्वारा जमानत प्रार्थना पत्र खारिज किया गया है, के समक्ष दूसरा जमानत प्रार्थना पत्र दाखिल करना चाहता है तो अभियुक्त को नये आधार दर्शित करने होंगे (परिस्थितियों में परिवर्तन, जो कि तात्विक प्रकृति के हों) जिससे कि वह पिछले प्रार्थना पत्रों में लिये गये आध

ारों/दृष्टिकोण से अलग आधार/दृष्टिकोण लेने के लिए राजी हुआ हो/उन्मुख हुआ हो।

न्यायालय जिसके द्वारा पश्चातवर्ती जमानत प्रार्थना पत्र की सुनवाई की जा रही हो का कर्त्तव्य है कि वह पिछले जमानत प्रार्थना पत्रो जिन्हें कि निरस्त किया गया, में उठाये गये कारणों/आधारों को संज्ञान में ले और ऐसे मामलो में न्यायालय का यह कर्त्तव्य है कि वह क्या नए आधार लिये गये है को अभिलेख पर प्रस्तुत करे(जो कि परिस्थिति के महत्वपूर्ण परिवर्तन पर आधारित हो) जिसके आधार पर वह पूर्व में जमानत प्रार्थना पत्रो में लिए गये दृष्टिकोण से अलग दृष्टिकोण अपनाने के लिए सहमत हुआ(9)

फोरम शौपिंग–विधि के अनुसार निंदनीय

उत्तरोत्तर/एक के बाद दूसरी जमानत प्रार्थना पत्र उसी न्यायालय में दाखिल किया जाना चाहिए जिसने पहले जमानत प्रार्थना पत्र को खारिज किया था, जब तक कि वह न्यायधीश उपलब्ध न हो(10)

अन्यथा एक पक्ष जो कि माननीय उच्च न्यायालय के एक पीठ द्वारा पारित आदेश से व्यथित है, वह उसी मामले को उच्च न्यायालय के दूसरे पीठ के समक्ष दोबारा रखने को प्रेरित/लालायित होगा और ऐसे प्रयासो/प्रेरणाओं का कोई अंत नही होगा।

इसके अलावा, यह न्यायिक अनुशासन के अनुरूप भी नही होगा जिसे कि न्यायालयों को आवश्यक रूप से न्याय करने के अनुशासन के हित में व पारित किये गये आदेश के अंतिम हो जाने की परिस्थिति को बनाये रखने के लिए निश्चित रूप से अनुकरण करना चाहिए, जो कि न्यायपालिका में लोगों के विश्वास को बनाये रखने के लिए अति आवश्यक है।

मौलिक अवधारणा है कि अगर न्यायधीश/जज उपलब्ध है तो मामले की सुनवाई उसके द्वारा ही की जानी चाहिए। इससे आम जनता का विश्वास न्यायिक प्रणाली में बना रहेगा और कोई भी व्यक्ति फोरम शौपिंग की प्रणाली को नही अपनाऐगा जो कि विधि के अनुसार निंदनीय है।

अगर आरोपपत्र निश्चित अवधि में दाखिल नही किया जाता है तो क्या विकल्प है?

हालांकि, जॉच एजेंसी एक निश्चित समय में जॉच को पूरा करने के लिए बाध्य नही है, परंतु यदि अभियुक्त अभिरक्षा में है एवं आरोप पत्र 60 दिन अथवा 90 दिन के भीतर दाखिल नही किया गया, तो अभियुक्त गैर अभियोजन के कारण जमानत प्राप्त कर सकता है अथवा दंड प्रकिया संहिता 1973 की धारा 167(2) के परंतुक में दिये गये प्रावधान के अनुसार वैधानिक रूप से जमानत प्राप्त कर सकता है।

60 दिन पूरा होने के तुरंत बाद (जहॉ किये गये अपराध की सजा 10 वर्ष से कम है) अथवा 90 दिनों के बाद (जहॉ किये गये अपराध की सजा दस वर्ष से कम नही है) अगर कोई आरोप पत्र दाखिल नही किया गया है तो अभियुक्त द्वारा प्रतिभूति/जमानतदार को प्रस्तुत करने पर गैर अभियोजन के कारण जमानत प्राप्त कर सकता है(11)

गैर अभियोजन के कारण जमानत प्राप्त करने के लिए औपचारिक जमानत प्रार्थना पत्र प्रस्तुत करने की जरूरत नही है।

निष्कर्ष–

यद्यपि जमानत एक नियम है और जेल भेजना एक अपवाद है, परंतु माननीय न्यायालय को जमानत प्रार्थना पत्र का निस्तारण करते समय अभियुक्त के व्यक्तिगत सवैंधानिक अधिकार एवं समाज हित के बीच एक संतुलन बनाये रखना होगा, यह ध्यान में रखते हुए अभियुक्त का अपने मामले में अच्छी तरह अपना बचाव प्रस्तुत करने का अधिकार व अभियोजन का अपने मामले को प्रस्तुत करने का अधिकार, एक दूसरे से प्रतिकूल रूप से प्रभावित न हो।

नोटस्

1. बबुआ उर्फ ताजमल हौसेन बनाम उड़ीसा राज्य।
2. गुरूबख्श सिंह सीबिया आदि बनाम, पंजाब राज्य निर्णय दिनांकित 9 अप्रैल 1980

3. सुशीला अग्रवाल बनाम राज्य (राष्ट्रीय राजधानी क्षेत्र दिल्ली) निर्णय दिनांकित 29 जनवरी 2020
4. संतोष बनाम महाराष्ट्र राज्य(2017) 9 एस.सी.सी. 714
5. सम्राट सिंह निरूला एवं अन्य विरूद्ध राष्ट्रीय राजधानी क्षेत्र दिल्ली राज्य, 2015 एस.सी.सी
6. प्रहलाद सिंह भाटी बनाम राष्ट्रीय राजधानी क्षेत्र दिल्ली (2001) 4 एस.सी.सी. 280, एवं उत्तर प्रदेश राज्य बनाम अमरमणि त्रिपाठी, (2005) 8 एस.सी.सी. 21 के मामले में।
7. पी. चिदम्बरम बनाम प्रवर्तन निदेशालय निर्णय दिनांकित 4 दिसम्बर 2019
8. पी. चिदम्बरम बनाम प्रवर्तन निदेशालय निर्णय दिनांकित 4 दिसम्बर 2019
9. कल्याण चन्द्र सरकार विरूद्ध राजेश रंजन उर्फ पप्पू या (2004) 7 एस.सी.सी. 528
10. मैसर्स गाटी लि0 बनाम टी. नागराजन पीरामियाजी, निर्णय दिनांकित 6 मई 2019
11. राकेश कुमार पॉल बनाम आसाम राज्य, (2017) 15 एस.सी.सी. 67

अध्याय-2

जमानत एक नियम : जेल/कारावास एक अपवाद

यह सिद्धांत कि जमानत एक नियम है और जेल एक अपवाद, इसका उद्गम भारत के संविधान के अनुच्छेद 21 एवं अनुच्छेद 22 से होता है और साथ ही एक सुस्थापित सिद्धांत से भी कि "जब तक किसी व्यक्ति को दोषी सिद्ध नही कर दिया जाए, तब तक उसे निर्दोष ही माना जायेगा"

किसी व्यक्ति के जीने के अधिकार एवं स्वतंत्रता के अधिकार को राज्य असीमित समय तक सिर्फ इस आधार पर नही छीन सकता कि किसी व्यक्ति पर किसी अपराध को करने का आरोप लगाया गया है, जब तक कि उसका दोष युक्तियुक्त संदेह के परे साबित नही हो जाता।

भारत के संविधान का अनुच्छेद 21 यह प्रावधान करता है कि किसी व्यक्ति के जीने के अधिकार और व्यक्तिगत स्वतंत्रता के अधिकार को विधि द्वारा स्थापित प्रकिया के अलावा किसी अन्य रूप में नही छीना जा सकता और ऐसी प्रकिया न्यायोचित एवं युक्तियुक्त होनी चाहिए।

"अनुच्छेद 21 जिस आवश्यक कारक की अवधारणा करता है, वह है कि, कोई भी प्रकिया जो किसी व्यक्ति के जीवन अथवा व्यक्तिगत स्वतंत्रता के अधिकार को छीनता है वह न्यायोचित, निष्पक्ष एवं

युक्तियुक्त होना चाहिए। न्यायोचित, निष्पक्ष एवं युक्तियुक्त प्रकिया में, अगर कोई व्यक्ति कानूनी सुविधाएँ स्वयं प्राप्त करने की स्थिति में नही हो, उस दशा में निशुल्क कानूनी सहायता प्राप्त करने के अधि ाकार को निहित करता है। इसके अंतर्गत सुचारू एवं गतिशील विचारण का प्रावधान भी निहित हैं इसके अंतर्गत मानवीय परिस्थितियों में निरोध सम्मिलित है चाहे वह निवारक स्वरूप में किया गया हो अथवा दंडात्मक स्वरूप में किया गया हो''।

''यह विधि का सुस्थापित सिद्धांत है कि विचारण से पूर्व निरोध में रखने को दंडात्मक स्वरूप में उपयोग नही किया जाना चाहिए। सिर्फ यह तथ्य है कि जो आरोप लगाया गया है गंभीर अपराध से सबंधित है, अपने आप में निश्चयात्मक/निष्कर्षात्मक नही है(1)

जमानत नही प्रदान कर स्वतंत्रता से वंचित रखना दंड देने के उददेश्य से अथवा दंड देने का तरीका नही है, परंतु यह सबंधित व्यक्ति एवं प्रभावित समाज के न्याय के हितों के उददेश्य से अपनाया जाने वाला एक तरीका है''

यह भी देखा जाना है कि जमानत प्रदान करने के इनकार करना किसी व्यक्ति को भारत के संविधान के अनुच्छेद 21 द्वारा प्रदत्त व्यक्तिगत स्वतंत्रता के अधिकार पर पाबंदी है, उस अधिकार का हनन है।

'संक्षिप्त रूप से जमानत को आधारभूत नियम के तौर पर कहा जा सकता है, न कि जेल को, उन परिस्थितियों के अलावा जहॉ कि न्याय प्रणाली से भागने की संभावना हो, न्याय प्रकिया का गला घोटने की संभावना हो, अथवा अन्य अवरोध पैदा करने की संभावना हो जैसे कि अपराधों का पुनः किया जाना, गवाहों को डराना एवं इसी प्रकार के अन्य कृत्यों का किया जाना, उस याचिकाकर्ता द्वारा जो न्यायालय द्वारा जमानत पर छूटना चाहता हो। हम यहॉ संपूर्ण परिस्थितियों के जिक करने का आशय नही रखते, यह सिर्फ उदाहरण के तौर पर बताया गया है'' (2)

माननीय उच्चतम न्यायालय ने, विचारण पूर्व निरोध पर चर्चा करते हुए, यह अवधारित किया कि–(3)

"विचारण पूर्व निरोध के परिणाम गंभीर हैं। प्रतिवादी जिन्हें निर्दोष माना गया है उन्हें जेल के जीवन से पैदा हुई मानसिक एवं शारीरिक पाबंदियों का सामना करना पड़ता है। प्रायः दोष सिद्ध अभियुक्तों से अधिक कठिन परिस्थितियों में। वह प्रतिवादी जो जेल में निरूद्ध है अगर उसकी कोई नौकरी है तो उसे वह गंवानी पड़ती है एवं अपने बचाव की तैयारी करने के अवसर से भी वह वंचित हो जाता है। बराबर रूप से महत्वपूर्ण यह भी है कि, उसके निरूद्ध होने के भार का वहन बहुत भारी रूप से प्रायः उसके परिवार के अन्य निर्दोष सदस्यों को उठाना पड़ सकता है"

हमारी शासकीय प्रणाली में व्यक्ति की स्वतंत्रता एक बहुत ही महत्वपूर्ण संवैधानिक विषय है। प्रत्येक दंडाधिकारी एवं स्वतंत्रता के प्रहरी का यह दायित्व/कर्त्तव्य है, स्वतंत्रता के रक्षक के रूप में कि वह व्यक्ति की स्वतंत्रता की रक्षा करे, जिसे कि संविधान के अंतर्गत यह बहुमूल्य अधिकार प्रदान किया गया है जिसे कि मनमाने अथवा सनकी तरीके से बिना कानून के औचित्य के नही छीना जा सकता(4)

ष्व्यक्तिगत स्वतंत्रता एक बहुत ही मूल्यवान अधिकार है, और इस अधिकार से वंचित तभी किया जाना चाहिए जब किसी मामले के खास तथ्यों एवं परिस्थितियों को देखते हुए, ऐसा करना अनिवार्य/अपरिहार्य हो जाये(5)

जमानत का उददेश्य न ही दंडात्मक है, न ही निवारक। स्वतंत्रता से वंचित होने को निश्चित ही सजा के तौर पर माना जाना चाहिए, जब तक कि इसकी जरूरत इसे सुनिश्चित करने के लिए हो कि अभियुक्त विचारण के लिए बुलाये जाने पर उपस्थित रहेगा। न्यायालयों को इस सिद्धांत की सजा दोषसिद्ध के बाद शुरू होती है को दिखावटी इज्जत देने के आगे ये सुनिश्चित करना होगा कि प्रत्येक व्यक्ति बेगुनाह है जब तक कि उसका विधिवत विचारण न हो और विधिवत रूप से उसे दोषी करार न दे दिया जाये(6)

जमानत देते समय विचार/संज्ञान में लिये जाने वाले सिद्धांत।

व्यक्ति के अधिकारों का समाज से संतुलन बनाये रखने की दृष्टि से माननीय उच्चतम न्यायालय ने निम्नलिखित सिद्धांतों को प्रतिपादित किया है जिसे जमानत प्रदान करते समय ध्यान में रखा जाना चाहिएः–

i. क्या प्रथम दृष्टया अथवा युक्तियुक्त आधार है मानने के लिए कि अभियुक्त ने अपराध कारित किया था।

ii. आरोप की प्रकृति व गंभीरता।

iii. दोषसिद्धि की दशा में सजा की कठोरता।

iv. अगर अभियुक्त को जमानत पर छोड़ दिया जाये तो अभियुक्त के भाग जाने अथवा भगोड़ा होने की संभावना।

v. अभियुक्त का चरित्र, आचरण, आय के स्रोत, सामाजिक स्थिति एवं व्यक्तिगत स्थिति।

vi. अपराध के पुनरावृत्ति की संभावना।

vii. गवाह से छेड़छाड़ की युक्तियुक्त आशंका।

viii. जमानत पर दिये जाने की स्थिति में न्याय की प्रकिया के गला घोटने/अवरूद्ध होने का खतरा।

यह भी संज्ञान में रखना होगा कि जमानत देने के उददेश्यों से विधायिका ने जिन शब्दों का उपयोग किया है वह है ष्विश्वास करने के लिए युक्तियुक्त आधारष् और 'साक्ष्य' शब्द का प्रयोग नही किया गया है।

इसका अर्थ यह है कि जमानत पर विचार करते समय न्यायालय को सिर्फ इस बिंदु पर संतुष्ट होना है कि क्या अभियुक्त के विरूद्ध वास्तव में कोई मामला बनता है, एवं आरोप के समर्थन में अभियोजन प्रथम दश्ष्टया साक्ष्य प्रस्तुत करेगा।

''इस स्तर पर यह आशा नही की जाती है कि अभियुक्त के दोष को युक्तियुक्त संदेह से परे साबित करने वाला साक्ष्य प्रस्तुत किया जाये''

''जमानत प्रदान करने के स्तर पर, साक्ष्य का विस्तृत विश्लेषण एवं विस्तृत कारण जो कि मामले के गुण दोष पर पहुँचता हो, जिससे अभियुक्त को पूर्वाग्रह कारित हो, से बचना चाहिए। इसका निश्चय करने के लिए कि क्या जमानत प्रदान करना चाहिए अथवा नही, आरोप की गंभीरता एवं सजा की कठोरता, दोनो का ही ध्यान रखना चाहिए'' (8)

अतः न्यायालयों को जमानत प्रार्थना पत्रों पर फैसला करते समय अभियुक्त के सवैंधानिक जीवन के अधिकार के साथ ही सामाजिक कारकों में बीच संतुलन रखना होगा यथा अभियुक्त मामले की जॉच में भाग लेगा व सहयोग करेगा, गवाहों को धमकी नही दी जानी चाहिए अथवा उन्हें प्रभावित करने का प्रयास नही किया जाना चाहिए, सबूतों से छेड़छाड़ नही की जानी चाहिए और सबसे महत्वपूर्ण यह कि अभियुक्त विचारण से भागना नही चाहिए।

नोटस्

1. बबूआ उर्फ तजमुल हौसेन बनाम उड़ीसा राज्य
2. राजस्थान राज्य बनाम बालचंद (1977) 4 ए.सी.सी. 308
3. मोतीराम बनाम मध्य प्रदेश राज्य (1978) 4 एस.सी.सी. 47
4. बबुआ बनाम ताजमल हुसैन 2001(1) क्राईम्स 215 (एस.सी.) के मामले में।
5. सिद्धराम संतलिंगया मेत्रे विरूद्ध महाराष्ट्र राज्य (2011) 1 एस.सी.सी.
6. संजय चन्द्रा बनाम सीबीआई निर्णय दिनांकित 23 नवम्बर 2011
7. प्रहलाद सिंह भाटी विरूद्ध राष्ट्रीय राजधानी क्षेत्र दिल्ली। (2001) 4 एस.सी.सी. 280 एवं उत्तर प्रदेश राज्य बनाम अमरमणि त्रिपाठी (2005) 8 एस.सी.सी 21
8. पी.दिचम्बरम, विरूद्ध प्रवर्तन निदेशालय, निर्णय दिनांकित 4 दिसम्बर 2019

अध्याय-3

अग्रिम जमानत के मापदंडो के बिन्दु पर उच्चतम न्यायालय

जब किसी व्यक्ति को ऐसी आशंका होती है कि पुलिस उसे झूठे अथवा दुष्प्रेरित आरोपों के लिए गिरफ्तार कर सकती है, तब दंड प्रकिया संहिता 1973 की धारा 438 के प्रावधानों के अनुसार उसका यह अधिकार है कि सत्र न्यायालय अथवा उच्च न्यायालय के समक्ष वह प्रार्थना पत्र दाखिल करे कि उसे गिरफ्तार किये जाने की स्थिति में उसे जमानत प्रदान कर दी जाये और यदि न्यायालय चाहे और उचित समझे तो ऐसा आदेश/निर्देश पारित कर सकती है कि इस प्रकार गिरफ्तार होने की स्थिति में उस व्यक्ति को अग्रिम जमानत पर छोड़ दिया जायेगा एवं अग्रिम जमानत सत्र न्यायालय अथवा उच्च न्यायालय द्वारा प्रदान किया जा सकता है।

अग्रिम जमानत के प्रावधानों के बहुत सारे पहलू हैं परंतु व्यवहारिक दृष्टिकोण से, बहुत सारे विचाराधीन कैदी जेलों में बंद हैं, जो कि बहुत छोटे अपराधों को करने के आरोपों में भी काफी लम्बे समय से जेल में हैं क्योंकि दंड प्रकिया संहिता की धार 438 के प्रावधानों को विस्तशत आयाम में लागू नही किया गया है। यद्यपि उच्चतम न्यायालय की सवैंधानिक पीठ ने दंड प्रकिया संहिता की धारा 438 के प्रावधानों के अंतर्गत निहित शक्तियों पर विस्तार से चर्चा की है जिसमें न्यायाधिक विवेकाधिकार जो कि अग्रिम जमानत के मामलो में उपयोग करने का दायरा है के महत्व को अंकित किया गया परंतु इस शक्ति/विवेकाधिकार

का उपयोग त्रुटिपूर्ण रूप से अपवाद स्वरूप विरल मामलों मे ही किया जाता है।(1) अभियुक्त को धारा 438 के प्रावधानों के अनुरूप अग्रिम जमानत पर छोड़ने के विषय पर कोई भी सामान्य दिशा निर्देश माननीय उच्चतम न्यायालय द्वारा जारी नही किये गये। परंतु बहुत सारे मामलो में अभियुक्त को जमानत का लाभ देने के लिए निम्नलिखित कारकों को संज्ञान में रखने के लिए कहा गया है।

सारा मामला इस बात पर निर्भर करता है कि क्या इस बात को मानने के लिए प्रथम दृष्टया अथवा युक्तियुक्त कारण विद्यमान हैं कि अभियुक्त द्वारा अपराध किया गया, लगाये गये आरोप की प्रकशतिः लगाये गये आरोपों की गंभीरता/कठोरता अथवा दोष सिद्ध होने की दशा में सजा की कठोरता, इसके अलावा इस बात की संभावना कि अभियुक्त विचारण में उपस्थित नही होकर भगोड़ा हो जायेगा अथवा क्या अभियुक्त अच्छे सामाजिक, पृष्ठभूमि का व्यक्ति है, क्या अभियुक्त आदतन अपराधी है, अभियुक्त द्वारा निष्पक्ष जॉच अथवा विचारण में व्यवधान डालने की संभावना य गवाहों अथवा सबूतों से छेड़छाड़ करने की संभावना, हिरासत में लेकर पूछताछ करने की जरूरत/दूसरा महत्वपूर्ण तथ्य है अपराध दोबारा किये जाने की संभावना,साक्ष्य की प्रकशति जो कि जॉच एजेंसी द्वारा एकत्रित की गई और दोष सिद्ध होने की दशा में कारावास की अवधि जो कि सजा के तौर पर दी जा सकती है और अंतिम परंतु महत्वहीन नही कि अभियोजन के मामले की निरर्थकता/विश्वसनीयता को हमेशा ही संज्ञान में लेना चाहिए।

माननीय उच्चतम न्यायालय द्वारा यह अवधारित किया गया है कि भारत के संविधान के अनुच्छेद 21 के प्रावधान की कसौटी पर खरा उतरने के लिए, विधि द्वारा स्थापित वह प्रकिया जिसके द्वारा किसी व्यक्ति को स्वतंत्रता से वंचित किया जाना है आवश्यक रूप से न्यायोचित, निष्पक्ष एवं युक्तियुक्त होना चाहिए (2) माननीय उच्चतम न्यायालय की सवैंधानिक पीठ ने यह अवधारित किया है कि दंड प्रकिया संहिता की धारा 438 में निहित प्रावधान की संकल्पना/अवधारणा संविधान के अनुच्छेद 21 में भी है जो कि व्यक्तिगत स्वतंत्रता से संबधित है। अतः संविधान के अनुच्छेद 21 के प्रावधान के प्रकाश में

दंड प्रकिया संहिता की धारा 438 के प्रावधानों की उदार व्याख्या की जानी चाहिए(3)

उचित प्रकिया जो अपनायी जानी चाहिए वह इस प्रकार होनी चाहिए कि अभिलेख पर उपलब्ध अभिवचनों एवं आरोपों का मूल्याकंन करने के बाद अगर न्यायालय जमानत प्रदान करना उचित समझता है तो अंतरिम जमानत प्रदान कर दी जानी चाहिए एवं लोक अभियोजक के तर्कों को सुनने के बाद न्यायालय उचित समझे तो जमानत याचिका को खारिज कर देना चाहिए अथवा पूर्व आदेश को जिसके द्वारा जमानत प्रदान की गई थी को पुष्ट कर देना चाहिए। इस प्रकिया के दौरान न्यायालय को निश्चित रूप से यह अधिकार होगा कि जमानत प्रदान करने में वह शर्तें आरोपित करें और लोक अभियोजक अथवा शिकायतकर्ता को यह स्वतंत्रता होगी कि वह उसी न्यायालय में जमानत को निरस्त करने अथवा शर्तों में संशोधन करने के लिए प्रार्थना पत्र प्रस्तुत करे, और ऐसा किसी भी समय किया जा सकता है, जब भी न्यायालय द्वारा प्रदान की गई स्वतंत्रता का दुरूपयोग किया जाये। सत्र न्यायालय द्वारा जमानत नही प्रदान किये जाने की स्थिति में, जमानत याचिका उच्च न्यायालय के समक्ष प्रस्तुत की जा सकती है और दोनो ही न्यायालयों द्वारा अग्रिम जमानत याचिका खारिज किये जाने की स्थिति में उच्च न्यायालय के निरस्तीकरण आदेश के विरूद्ध संविधान के अनुच्छेद 136 के प्रावधानों के अंतर्गत उच्चतम न्यायालय के समक्ष विशेष अनुज्ञा याचिका (SLP) दाखिल की जा सकती है।

वर्तमान में माननीय उच्च्तम न्यायालय द्वारा पी.चिदम्बरम बनाम प्रवर्तन निदेशालय के मामले में दिये गये निर्णय से एक बार फिर हिरासत में पूछताछ की आवश्यकता एवं अग्रिम जमानत के मुददे के बीच विस्तशत चर्चा को सामने लाया है। दंड प्रकिया संहिता की धारा 438 की प्रकशति एवं दायरे पर विस्तशत विश्लेषण उच्चतम न्यायालय के सवैंधानिक पीठ द्वारा गुरूबक्स सिंह (उपरोक्त) के मामले में की गई है। इस निर्णय में इस बिंदु को उजागर किया गया है कि धारा 438 की व्याख्या इस प्रकार की जानी चाहिए कि निर्दोष होने की अवधारणा

अभियुक्त के पक्ष में है और धारा 438 के अंतर्गत शक्ति का प्रयोग करने की इस प्रकार की व्याख्या नही की जा सकती जिससे अनावश्यक प्रतिबंध/रूकावट पैदा हो। यह आम जानकारी में है कि हिरासत में पूछताछ एक ऐसा हथियार है जिसका उपयोग जॉच एजेंसियों द्वारा आरोपी के विरूद्ध साक्ष्य एकत्रित/प्राप्त करने के लिए किया जाता है। दूसरी तरफ अग्रिम जमानत एक ऐसा कवच/बचाव है जिसका उपयोग अभियुक्त द्वारा हिरासत/गिरफ्तारी की कठोरता से बचने के लिए किया जाता है। संक्षेप में, अग्रिम जमानत एक महत्वपूर्ण व शक्तिशाली कवच है जिसे निर्दोष व्यक्तियों को स्वयं को झूठे व दुष्प्रेरित मामलो से बचाने के लिए व संविधान के अनुच्छेद 21 द्वारा प्रदत्त व्यक्तिगत स्वतंत्रता को बचाने के लिए उपयोग में लाया जाता है।

नोटस्

1. गुरूबक्स सिंह सीविया व अन्य बनाम पंजाब राज्य (1980) 2 एस.सी.सी. 565)
2. मेनका गांधी बनाम भारत गणराज्य(1978) 1 एस.सी.सी.
3. गुरूबक्स सिंह सीविया व अन्य बनाम पंजाब राज्य (1980) 2 एस.सी.सी. 565)

अध्याय-4

उच्चतम न्यायालय – आरोप पत्र दाखिल होने के उपरांत अभियुक्त को जमानत का अधिकार

एक व्यक्ति की स्वतंत्रता बहुत अधिक सवैंधानिक महत्व का विषय है एवं व्यक्तिगत स्वतंत्रता भारतीय संविधान के एक वांछित/महत्वपूर्ण उददेश्यो में से है एवं किसी व्यक्ति को उसकी व्यक्तिगत स्वतंत्रता से सिर्फ कानून के अनुसार ही वंचित किया जा सकता है एवं उसमें उल्लिखित प्रावधानों के अनुरूप ही ऐसा किया जा सकता है, जैसा कि भारतीय संविधान के अनुच्छेद 21 में प्रावधानित है।

प्रथम सूचना रिपोर्ट/FIR दर्ज होने के उपरांत पुलिस जॉच प्रारंभ करती है जैसा कि दंड प्रकिया संहिता 1973 में प्रावधानित है एवं यह प्रकिया संहिता की धारा 167 के अंतर्गत शुरू की जाती है जिसमें आज्ञापक रूप से यह प्रावधान है कि जॉच 24 घंटे की प्रस्तावित अवधि के भीतर पूर्ण कर ली जानी चाहिए, परंतु अगर जॉच इस अवधि में पूर्ण नही की जा सके तो दंडाधिकारी मामले के अनुसार अभियुक्त को अधिक से अधिक 60 दिनों अथवा 90 दिनों की हिरासत में भेजने का आदेश पारित कर सकता है जैसा कि दंड प्रकिया संहिता 1973 की धारा 167 की उपधारा 2 के परन्तुक में प्रावधानित किया गया है। इसके अलावा उन सभी मामलों में जहॉ न्यूनतम जो 10 वर्ष से कम हो परंतु अधिकतम सजा उम्र कैद अथवा फांसी न हो, तो धारा

167(2)(a)(ii) के प्रावधान लागू होंगे और उन मामलो में अभियुक्त 60 दिनों के उपरांत अपने आप ही जमानत करने का अधिकारी हो जाता है अगर आरोप पत्र इस अवधि में दाखिल नही किया जाता है(1) यद्यपि माननीय उच्चतम न्यायालय ने यह अवधारित किया है कि दंड प्रकिया संहिता 1973 की धारा 167 के अनुसार किसी भी न्यायालय को यह शक्ति नही है कि वह जॉच की अवधि को बढा सके(2)

सामान्यतया, आरोप पत्र दाखिल होने के बाद, जमानत प्राप्त पर रिहा होने की संभावनाएँ बढ जाती हैं मुख्यतः तीन कारणों सेः—

पहला, चूँकि पुलिस जॉच पूर्ण की जा चुकी होती है अतः जॉच के लिए अभियुक्त को हिरासत में रखने की कोई आवश्यकता शेष नही रहती है।

दूसरा, यह कि विचारण के शुरू होने के पश्चात पूर्ण होने में समय लगने की संभावना से इंकार नही किया जा सकता अतः इससे अभियुक्त के विरूद्ध अन्याय होगा जिसे पहले कई सालों से जेल में रखा गया हो, अगर बाद में, यह पाया जाता है कि उसने वह अपराध नही किया है जिसके लिए उसे जेल में निरूद्ध किया गया हो और बाद में उसे निर्दोष करार दे दिया जाये, अतः ऐसा करना पीड़ित एवं अभियुक्त के अधिकारों के बीच संतुलन बनाये रखने के लिए जरूरी है और यह कि आरोप पत्र दाखिल होने तक पुलिस द्वारा साक्ष्य का संकलन कर लिया गया होगा अतः अभियुक्त द्वारा साक्ष्य को नष्ट किये जाने अथवा छुपाए जाने की संभावना कम हो जायेगी। यद्यपि प्रदान किये गये जमानत को निरस्त भी किया जा सकता है अगर जॉच की प्रकिया के दौरान अभियुक्त द्वारा जमानत पर रहने के दौरान साक्ष्य को नष्ट करने अथवा छुपाने की संभावना अथवा उसके द्वार गवाहों को प्रभावित करने, धमकी देने की संभावना हो। सतर्कता विभाग द्वारा दाखिल किये गये एक मामले में जो कि भ्रष्टाचार निवारण अधिनियम की धारा 7ए के अंतर्गत दर्ज किया गया था जैसे जॉच पूर्ण हो चुकी थी और आरोप पत्र दाखिल किया जा चुका था उसमे मामले में याचिकाकर्ता ने जमानत याचिका दाखिल की यह तर्क रखते हुए कि चूँकि आरोप पत्र दाखिल हो चुका है अतः उसे

जमानत पर रिहा किया जाना चाहिए परंतु उच्च न्यायालय ने यह जमानत याचिका को खारिज कर दिया जिसे याचिकाकर्ता द्वारा माननीय उच्चतम न्यायालय में चुनौती दी गयी है। याचिकाकर्ता ने माननीय उच्चतम न्यायलय से यह प्रार्थना की कि चूँकि मामले में आरोप पत्र दाखिल किया जा चुका है अतः मामले के तथ्यों एवं परिस्थितियों को ध्यान में रखते हुए उसे जमानत पर रिहा किया जाना चाहिए(3)

उस स्थिति में माननीय उच्चतम न्यायालय के समक्ष प्रश्न यह सामने आया कि क्या ऐसे भगोड़े अभियुक्त के विषय में जॉच एजेंसी को पुलिस अभिरक्षा का कोई आदेश दे सकता है अथवा नही, जिसे आरोप पत्र दाखिल होने के पश्चात् ही गिरफ्तार किया गया है तब उच्च्तम न्यायालय ने राज्य बनाम दाउद इब्राहिम कसकर (2000) 10 एस.सी.सी.438 के मामले में दिये गये निर्णय पर अवलम्ब लेते हुए यह अवधारित किया कि ऐसे अभियुक्त के मामले में जिसे अग्रिम जॉच के स्तर पर गिरफ्तार किया गया है तो आगे की पूछताछ करने के लिए पुलिस अभिरक्षा की मांग दंड प्रकिया संहिता की धारा 167(2) के अंतर्गत की जा सकती है अगर जॉच एजेंसी आगे की पूछताछ करने के लिए ऐसा करना जरूरी समझती हो(4)

अगर एक बार जॉच पूरी हो जाये और आरोप पत्र दाखिल किया जा चुका है तो जमानत दिया जाना चाहिए अथवा नही कि निश्चत करने में आरोप की प्रकृति एक कारक नही है इसके बदले इन मामलो में न्यायालय को यह विचार करन चाहिए कि क्याः—(5)

1. क्या अभियुक्त जॉच में सहयोग करता रहा है,
2. क्या इसकी संभावना है कि प्रार्थी भाग सकता है अथवा सबूत से छेड़छाड़ की जा सकती है।
3. सबूत से छेड़छाड़ अथवा प्रार्थी के भागने की आशंका मात्र ही जमानत से इंकार करने का पर्याप्त आधार नही हो सकता।
4. और साक्ष्य से छेड़छाड़ करने की कोशिश होनी चाहिए और यह निश्चित संभावना होनी चाहिए कि अगर अभियुक्त जमानत प्रदान कर दी जाती है तो वह भाग जायेगा।

उपरोक्त मामले में उच्चतम न्यायालय ने याचिकाकर्ता को जमानत पर प्रदान कर दिया गया क्योंकि आरोप पत्र दायर होने के पश्चात् अभिरक्षा को गैर जरूरी समझा गया(6)

उपरोक्त समस्त के दशष्टिगत यह स्पष्ट है कि गुरचरण सिंह एवं अन्य विरूद्ध राज्य (दिल्ली प्रशासन) निर्णय दिनांकित 6 दिसम्बर 1977 में यह अवधारित किया गया कि पुलिस द्वारा आरोप पत्र दाखिल किये जाने के बाद भी जमानत का प्रदान किया जाना मामले के गुणदोष पर निर्भर करता है और मोटे तौर पर अपराध की प्रकशति एवं गंभीरता पर निर्भर करता है। (निम्मगडडा प्रसाद बनाम सी.बी.आई, हैदराबाद निर्णय दिनांकित 9 मई 2013) अभियुक्त की स्थिति व हैसियत (पंचानन मिश्रा विरूद्ध दिगम्बर मिश्रा) (2005) 3 एस.सी.सी 147 जो कि पीड़ित व गवाहों के संदर्भ में देखा जाना होगा।

न्यायिक प्रकिया से अभियुक्त के भागने की संभावना मामले में दोषसिद्धि की संभावना के पहलू को देखते हुए अभियुक्त द्वारा दुःखद परिस्थिति में अपने जीवन को क्षति पहुँचाने की संभावना गवाहों से छेड़छाड़/प्रभावित करने की संभावना, गवाहों से छेड़छाड़/प्रभावित करने की संभावना/(राज्य द्वारा सी.बी.आई. विरूद्ध अमरमणि त्रिपाठी निर्णय दिनांकित 26 सितम्बर 2005)

नोट्स

1. उदय मोहनलाल आचार्या बनाम महाराष्ट्र राज्य(2001) 5 ए.सी.सी 453
2. अचपल उर्फ रामस्वरूप व एक अन्य बनाम राजस्थान राज्य
3. अभिषेक आनंद विरूद्ध बिहार राज्य एस.एल.पी.(आपराधिक) 1568/2020
4. केन्द्रीय अन्वेषण ब्यूरो बनाम रथिन दण्डायत 2015 एस.सी.सी. ऑनलाइन एस.सी. 743
5. गंभीर कपट अन्वेषण बनाम नितिन जोहारी 2019 (5) एस.सी.सी. 266
6. संजय चन्द्रा बनाम केन्द्रीय अन्वेषण ब्यूरो (2012) 1 एस.सी.सी. 40

अध्याय-5

जमानत जब आपराधिक अपील भारत के उच्चतम न्यायालय में लम्बित हो

अभियुक्त द्वारा माननीय उच्चतम न्यायालय के समक्ष संविधान के अनुच्छेद 136 के अंतर्गत विशेष अनुज्ञा याचिका (एस.एल.पी.) दायर की जाती है, उस अभियुक्त के द्वारा जिसे उच्च न्यायालय द्वारा दोष सिद्ध कर दिया गया है। उच्चतम न्यायालय संविधान के अनुच्छेद 136 के अंतर्गत आपराधिक व व्यवहार मामलो में अपीलीय क्षेत्राधिकार का उपयोग करती है। दंड प्रकिया संहिता 1973 के अंतर्गत एवं अन्य विशेष कानून/विधानों के अंतर्गत निश्चित परिस्थितियां प्रावधानित हैं जब आपराधिक अपील अथवा विशेष अनुज्ञा याचिका (एस.एल.पी.) उच्चतम न्यायालय के समक्ष दायर की जाती है।

एक अपील ऐसी प्रक्रिया है जिसके द्वारा निचली अदालत द्वारा पारित आदेश/निर्णय को उस अदालत से उच्चतर अदालत में चुनौती दी जाती है। अपील/विशेष अनुज्ञा याचिका (एस.एल.पी.) विशिष्ट तरीके से विशिष्ट न्यायालयों के समक्ष दायर करनी होती है। अभियुक्त के विद्वान अधिवक्ता को सुनने के उपरांत दो संभावनाएँ हैं, या तो मामले को खारिज कर दिया जाता है, अथवा उच्चतम न्यायालय द्वारा सामान्यतयाः राज्य को नोटिस जारी किया जाता है। मामले के लम्बन के दौरान यह एक संभावना है कि उच्चतम न्यायालय द्वारा अनुमति प्रदान कर दी जाती है अगर मामला एक छोटा मामला है तो उच्चतम न्यायालय उसकी सुनवाई करते हुए हाथो हाथ अनुमति

प्रदान कर देगा। अनुतोष प्रदान कर देगा। यद्यपि यदि किसी आपराधिक मामले में दोषसिद्धि से उदभूत विशेष अनुज्ञा याचिका (एस.एल.पी.) दायर की जाती है और मामला घिनौने/गंभीर अपराध का है, और यदि उच्चतम न्यायालय द्वारा अनुमति प्रदान कर दी जाती है, तो उच्चतम न्यायालय द्वारा दी गयी ऐसी अनुमति के परिणामस्वरूप विशेष अनुज्ञा याचिका (एस.एल.पी.) एक आपराधिक अपील में परिवर्तित हो जाती है।

आपराधिक न्यायशास्त्र का आधारभूत सिद्धांत यह है कि अभियुक्त को तब तक निर्दोष माना जाता है जब तक कि किसी सक्षम क्षेत्राधिकार के न्यायालय द्वारा निष्कर्ष न दे दिया गया हो कि अभियुक्त दोषी है, एक बार जब अभियुक्त के किसी अपराध को करने में दोषी होने का फैसला आ जाता है तो अभियुक्त के निर्दोष होने की अवधारणा समाप्त हो जाती है। जैसे ही किसी अभियुक्त को दोषी ठहरा दिया जाता है, तो मामले के अनुसार, दोषसिद्ध अभियुक्त को अपील अथवा पुर्नविचार याचिका दायर करने का वैधानिक अधिकार प्राप्त हो जाता है। और यही कारण है कि वैधानिक अपील के विषय में, सजा के स्थगन के बाद अपील के लम्बित होने तक जमानत का प्रावधान किया गया है, यद्यपि ऐसी जमानत अपीलीय न्यायालय द्वारा मामले पर विचाार करने के बाद ही प्रदान की जा सकती है, यदि सजा की प्रावधानित अवधि 3 वर्ष से अधिक है, अन्यथा निचली अदालत दंड प्रकिया संहिता 1973 की धारा 389(3) के प्रावधान के अंतर्गत जमानत प्रदान कर सकती है, जो कि दंड प्रकिया संहिता की धारा 389(1) के प्रावधानों के अधीन ही रहेगी।

अपील दायर करने की संख्या एवं लम्बित अपीलों की संख्या की तुलना में जजों की संख्या की कमी के दशष्टिगत, केंसो की सुनवाई मे काफी देरी होना सामान्य रूप से पाया जाता है, जिस कारण न्यायालय अभियुक्त द्वार दायर अपील को युक्तियुक्त समय सीमा के भीतर नही सुन पाता है, अतः न्यायालय को सामान्य रूप से यह करना चाहिए कि जब तक कि अन्यथा करना आवश्यक न हो और ऐसा करने के लिए ठोस कारण न हो, यदि अभियुक्त को उसके दोषसिद्धि एवं

सजा के विरूद्ध अपील दायर करने की विशेष अनुमति प्रदान कर दी गई हो तो अभियुक्तों को जमानत पर छोड़ दिया जाना चाहिए(1) अपील के लम्बन के दौरान अभियुक्त को जमानत पर इस आधार पर रिहा कर दिया गया कि अपील की लम्बन अवधि के दौरान अभियुक्त को 5–6 वर्षों के लिए जेल में रखना न्याय का गला घोंटना होगा यदि अंततः यह पाया जाता है कि अभियुक्त द्वारा आरोपित अपराध नही किया गया है। क्या न्यायालय उसके जेल में रहने की अवधि के लिए जो कि अनुचित पाया गया के लिए क्षतिपूर्त कर सकता है।

अभियुक्त की अपील के लम्बित रहने के दौरान उच्चतम न्यायालय को जमानत प्रदान करने की शक्ति उच्च न्यायालय के बराबर ही है। अगर दोषसिद्ध व्यक्ति द्वारा दायर अपील न्यायालय के समक्ष लम्बित हो, तो न्यायालय ऐसे कारणों से जो लिखित में होगी, दोषसिद्ध व्यक्ति की सजा को स्थगित कर सकती है और अगर दोषसिद्ध व्यक्ति निरूद्ध है तो उसे जमानत प्रदान कर सकती है और उसे रिहा कर सकती है।

अपील के लम्बन के दौरान जमानत सामान्य तौर व बिना विचार किये(2) मशीनी तौर पर नही दी जा सकती। और इसका निर्धारण निष्पक्ष रूप से करना होगा। लिखित में कारण बताने की जरूरत स्पष्ट तौर पर यह दर्शाती है कि सुसंगत पहलुओं पर सावधानीपूर्वक विचार करना होगा और सजा को स्थिगित करने व जमानत प्रदान करने का आदेश नियमित/सामान्य तौर पर पारित नही किये जाने चाहिए। सिर्फ यह तथ्य कि विचारण के दौरान, उन्हें जमानत पद्रान कर दिया गया, एवं स्वतंत्रता के दुरूपयोग करने का कोई आरोप नही था, बहुत अधिक महत्व का विषय नही है। विचारण के दौरान अभियुक्त को प्रदान किये गये जमानत की महत्ता एवं असर तभी समाप्त हो जायेगा है, जब विचारण के पूर्ण होने के उपरांत, अभियुक्त व्यक्ति को दोषी पाया जाता है।

यह सुस्थापित सिद्धांत है(3) कि ऐसे मामले में जिसमें गंभीर अपराध सम्मिलित है यथा हत्या का अपराध जो कि भारतीय दंड संहिता की धारा 302 के अंतर्गत दंडनीय है, ऐसे मामलों में अपील

के लम्बित रहने के दौरान जमानत दिये जाने की प्रार्थना पर विचार करते समय न्यायालय को सुसंगत कारकों जैसे कि अभियुक्त के विरूद्ध लगाये गये आरोप की प्रकृति, अपराध की गंभीरता, अभियुक्त को जमानत पर रिहा किये जाने की वांछनीयता जबकि अभियुक्त हत्या जैसे गंभीर अपराध को करने के लिए दोषसिद्ध किया जा चुका है इत्यादि पर विचार करना चाहिए।

एक मामले में उच्चतम न्यायालय द्वारा यह अवधारित किया गया कि एक अभियुक्त जिसने पूर्व में दी हुई स्वतंत्रता का दुरूपयोग कर लिया और एक अन्य अपराध कारित कर लिया जब वह जमानत पर था, वह दोबारा जमानत पर रिह किये जाने की सुविधा प्रदान करने का हकदार नही है(4)

उच्चतम न्यायालय द्वारा यद्यपि एक अन्य मामले में, यह अवलोकित किया गया है कि अगर दूसरे सह–अभियुक्त को जमानत प्रदान कर दिया गया है तो समान परिस्थिति में स्थित अन्य अभियुक्तों को भी समानता के सिद्धांत पर जमानत प्राप्त करने का अधिकार है। उच्चतम न्यायालय ने अभियुक्त को तब जमानत प्रदान कर दी जब वह सजा की अवधि में से काफी अवधि जेल में बिता चुका था।(5) कुछ मामलों में उच्चतम न्यायालय ने अभियुक्तों को जमानत प्रदान कर दिया आपराधिक अपील के लम्बन अवधि के दौरान जब इस मामले को निकट भविष्य में सुने जाने की कोई संभावना नही थी(6) और दी गई सजा की अवधि में से काफी अवधि अभियुक्त द्वारा जेल में रहकर गुजारी जा चुकी थी।

कब अभियुक्त को न्यायालय द्वारा जमानत प्रदान की जानी चाहिए और कब जमानत प्रदान नही की जानी चाहिए, इस विषय पर कोई पूर्ण एवं बिना शर्त नियम निर्धारित नही है। यह पूर्ण रूप से प्रत्येक मामले के तथ्यों एवं परिस्थितियों पर निर्भर करता है और यह नही कहा जा सकता कि पूर्ण रूप से प्रभावी ऐसा कोई नियम है कि यदि दी गयी सजा की अवधि में से लम्बी अवधि जेल में गुजार ली गई है तो आवश्यक रूप से जमानत प्रदान किया जाना चाहिए।

नोट्स

1. कश्मीरा सिंह बनाम पंजाब राज्य 1977(4) एस.सी.सी. 291
2. किशोरी लाल विरूद्ध रूपा (2004) 7 एस.सी.सी. 638
3. विजय कुमार बनाम नरेन्द्र (2002) 9 एस.सी.सी. 364
4. रमेश कुमार सिंह बनाम अब्बर सिंह (2003) 10 एस.सी.सी. 195
5. फजल बनाम उत्तर प्रदेश राज्य (2012) 5 एस.सी.सी. 752
6. सलीम जावेद बनाम राजस्थान राज्य (2006) 9 एस.सी.सी. 602

अध्याय-6

आर्थिक अपराध : जमानत अथवा जेल विषय पर उच्चतम न्यायालय

आर्थिक अपराधों में कम्पनियों के साथ/द्वारा किया जाने वाला कपट, भ्रष्टाचार के मामले मनी लांड्रिग कर की चोरी ट्राफिकिंग साइबर अपराध इत्यादि सम्मिलित है। उच्चतम न्यायालय ने यह अवधारित किया कि सामान्यतया जमानत का प्रदान किया जाना एक नियम की तरह नही अपनाया जाना चाहिए, खासकर आर्थिक अपराधों के मामलो में जो अपने आप में एक अलग श्रेणी का अपराध है क्योंकि अग्रिम जमानत प्रदान किये जाने के स्तर/प्रक्रम पर ही यह जॉच एजेंसी के अभियुक्त से पूछताछ करने, उपयोगी जानकारी को एकत्र करने एवं छुपाय गये तथ्यों/सामग्रियों की खोज करने की कोशिश को विफल कर सकता है।

न्यायालय को जमानत प्रदान करते समय, परिस्थितियों पर विचार करना चाहिए साथ ही अन्य कारक यथा आरोप की प्रकशति और दोषसिद्ध होने की दशा में सजा की अवधि/कठोरता, एवं संकलित साक्ष्य की प्रकशति, गवाह से छेड़छाड़ की युक्तियुक्त आशंका अथवा शिकायतकर्ता को धमकी देने की आशंका एवं आरोप के समर्थन में न्यायालय का प्रथम दश्ष्टया संतुष्ट हो जाना, इत्यादि कारकों को भी संज्ञान मे लिया जाना चाहिए। उपरोक्त घटकों के अतिरिक्त न्यायालय को यह भी ध्यान में रखना होगा कि अपराध की गंभीरता क्या है, अभियुक्त के न्यायिक प्रकिया से भागने एवं अभियोजन साक्षियों से

छेड़छाड़ करने की संभावना कितनी है। उपरोक्त के अलावा तीन परीक्षण और करने होंगे। गिरफ्तारी से पूर्व जमानत प्रदान करने के लिए अर्थात, अभियुक्त के भागने की संभावना, सबूतों से छेड़छाड़ करने व गवाहों को प्रभावित करने की संभावना और साथ ही अन्य पहलुओं को भी संज्ञान में लेना होगा यथा अपराध करने का तरीका एवं अपराध की गंभीरता।

माननीय उच्चतम न्यायालय ने एक ऐतिहासिक फैसले में नियमित जमानत की विधि के संदर्भ में आवश्यकता एवं व्यक्तिगत स्वतंत्रता के बीच के संतुलन को निर्णय के निम्नलिखित प्रस्तरों में निम्न प्रकार से प्रारूपित कियाः—

आदि काल से यह माना जाता रहा है कि विचारण के पूर्ण होने के लम्बित रहने के दौरान अभिरक्षा में निरूद्ध रहने से कष्टकारी परिस्थितियॉ पैदा होंगी। समय—समय पर जरूरत के अनुसार ऐसी मांग की जाती रही है कुछ बिना दोषसिद्ध व्यक्तितयों को अभिरक्षा में रखने की जरूरत है जब विचारण लम्बित हो ताकि विचारण के दौरान उन व्यक्तियों की उपस्थिति को सुनिश्चित किया जा सके। परंतु इन मामलो में, जरूरत प्रभावी पैमाना है। इस देश में, यह संविधान में प्रावधानित व्यक्तिगत स्वतंत्रता की अवधारणा के विपरीत होगा कि किसी व्यक्ति को ऐसे मामले के सबंध में दंडित किया जाए, जिसने उसे दोषसिद्ध नही किया गया है, अथवा किसी भी परिस्थिति में, उसे उसकी व्यक्तिगत स्वतंत्रता से सिर्फ इसलिए वंचित रखा जाए क्योंकि ऐसा माना जा रहा है कि यदि उसे अभिरक्षा से आजाद कर दिया जाये तो वह गवाहों के साथ छेड़छाड़ करेगा प्रभावित करेगा, सिवाय असाधारण परिस्थितियों वाले मामलो में(1)

एक मामले में उच्चतम न्यायालय ने उन सुसंगत कारकों को विनिर्दिष्ट किया है यथा अपराध की प्रकशति एवं गंभीरता, साक्ष्य की प्रकशति/प्रकार, परिस्थितियॉ जो अपराध के लिए आरोपित व्यक्ति के सबंध में विशेष है, अभियुक्त की उपस्थिति को विचारण के दौरान सुनिश्चित नही कर पाने की युक्तियुक्त संभावना, गवाहों से छेड़छाड़/को प्रभावित करने की युक्तियुक्त आशंका, आमजन अथवा

राज्य के वशहद हित इत्यादि, जो कि न्यायालय के समक्ष तब उत्पन्न होते हैं जब गैर जमानती अपराधों में जमानत प्रदान करने या नही करने का फैसला न्यायालय द्वारा किया जाता है।(2)

उच्चतम न्यायालय ने यह अवधारित कर दिया/घोषणा कर दी कि जमानत प्रदान करना, अभिरक्षा में नही रखना ही नियम है। आगे यह भी एक अपवाद है, इस शक्ति का उपयोग सिर्फ तभी किया जाना चाहिए जब परिस्थितियां ऐसा इंगित करती हो कि न्याय प्रक्रिया से भगाने, न्यायिक प्रक्रिया का गला घोंटने, अथवा अन्य प्रकार से समस्याएँ पैदा करने/उपद्रव करने यथा अपराध का पुनः किया जाना, गवाहों को धमकी देना या ऐसे ही कृत्यों के किये जाने की संभावना अभियुक्त द्वारा उसे जमानत पर छोड़ देने की स्थिति में विद्यमान है। (3)

उच्चतम न्यायालय ने, यह अवलोकित किया है कि ष्स्वतंत्रता विधि द्वारा स्थापित प्रक्रिया के अनुसार सुनिश्चित की जानी चाहिए'' जिसे अभियुक्त के हित को ध्यान में रखकर प्रदन किया जाता है, साथ ही पीड़ित के नजदीकी लोग जिन्होंने अपना जीवन खोया है और पीड़ित को ऐसा अनुभव होता है कि वह बेसहारा और लाचार है और दुनिया में कहीं इंसाफ नही है, उस पीड़ित के हित को भी एवं समाज के सामूहिक हित को ध्यान में रखकर किया जाता है ताकि लोग/पक्षकार संस्थान पर से विश्वास खो कर व्यक्तिगत रूप से बदला लेने की भावना से कार्य न करने लगें। (4)

न्यायमूर्ति वी.आर.कश्ष्णाअय्यर ने जमानत अथवा जेल के विषय पर यह अवलोकन किया कि ऐसा विचारण से पूर्व अथवा दोषसिद्ध से उपरांत के प्रकम पर किया जाऐगा जो कि बहुत हद तक न्यायिक विवेकाधिकार पर निर्भर करता है। विद्वान न्यायमूर्ति ने यह अवधारित किया कि हमारे सवैंधानिक प्रणाली में संविधान के अनुच्छेद 21 के अंतर्गत प्रदान की गयी व्यक्तिगत स्वतंत्रता का अधिकार एक ऐसा बहुमूल्य अधिकार है कि इससे इंकार करने की शक्ति का प्रयोग एक बहुत महत्वपूर्ण विश्वास/न्यास है जिसका उपयोग संयोगवश असावध ानी से नही, परंतु न्यायिक मस्तिष्क का प्रयोग करते हुए करना है,

जिसमें व्यक्ति व समाज के लिए इसकी जो कीमत है उस बिंदु पर जीवंततापूर्वक विचार करना है। आगे यह भी अवधारित किया गया है कि किसी व्यक्ति को उसके स्वतंत्रता से वंचित करने का फैसला अति महत्वपूर्ण पहलुओं पर जो कि हमारे संविधान में समाज के कल्याणकारी उददेश्यों की पूर्ति के लिऐं विनिर्दिष्ट है पर आधारित होना चाहिए। विद्वान न्यायमूर्ति ने लार्ड रसेल को उद्धरित किया जिन्होंने कहा था कि जमानत देने से इंकार दंड देने के उददेश्य से नही करना चाहिए और जमानत प्रदान करते समय सिर्फ यह ध्यान में रखा जाना चाहिए कि विचारण के दौरान अभियुक्त अथवा कैदी की उपस्थिति को सुनिश्चित किया जाए। न्यायमूर्ति कश्ष्णा अय्यर के अनुसार जमानत पर छोड़ने के लिए जो सैद्धांतिक नियम हैं वह है कि प्रार्थी की उपस्थिति निर्णय तक सुनिश्चित की जाये और न्यायालय द्वारा दंडित किये जाने की स्थिति में वह जेल की सजा भुगते। ऐसा अवधारित करने के उपरांत जेल की सजा भुगते। ऐसा अवधारित करने के उपरांत यह युक्तियुक्त लगता है कि जमानत पर रिहा किये गये अभियुक्त के पास अपने मामले को तैयार करने व बचाव प्रस्तुत करने के बेहतर अवसर होते हैं उस व्यक्ति की तुलना में जिसे अभिरक्षा में भेजकर निरूद्ध रखा गया है और आगे न्यायमूर्ति ने यह भी अवलोकित किया है कि अगर जनता को न्याय देने को प्रोत्साहित करना है कि तो मशीनी तौर पर अभिरक्षा में रखने की प्रवश्त्ति को हतोत्साहित करना होगा। (5)

माननीय उच्चतम न्यायालय द्वारा गुरचरण सिंह एवं अन्य बनाम राज्य (दिल्ली प्रशाासन) ए.आई.आर. 1978 सुप्रीम कोर्ट 179 के मामले में अवधारित सिद्धांतों को उच्चतम न्यायालय द्वारा हर्ष सॉवनी बनाम केंन्द्र शासित प्रदेश जो मामला ए.आई.आर. 1978 एस.सी.सी. 1016 में रिपोर्ट हुआ एवं मोहन सिंह बनाम केन्द्र शासित प्रदेश, चंडीगढ़ में अनुसरण किया गया। तब भी जब राज्य की ओर से उपस्थित अधिवक्ता ने यह तर्क दिया कि भ्रष्टाचार जिसके लिए अभियुक्त प्रथम दृष्टया दोषी है के ठोस आधार हैं तो भी माननीय उच्चतम न्यायालय ने यह अवधारित किया कि यह जमानत प्रदान करने से इंकार करने के लिए पर्याप्त कारण नही था। (6)

इस निर्णय के प्रस्तर(पैरा) 2 में उच्चतम न्यायालय ने यह अवधारित किया कि:–

ष्राज्य की तरफ से उपस्थित अधिवक्ता ने हमारे समक्ष यह जोर दिया है कि भ्रष्टाचार के आरोप जिसके लिए अभियुक्त प्रथम दृष्टया दोषी है(अनुसंधान के नतीजों के अनुसार) के ठोस आधार है। हम ऐसा मान भी लेते हैं। परंतु फिर भी जमानत प्रदान करने से इंकार करना किसी व्यक्ति के दोषसिद्ध होने से पूर्व उसे दंडित करने का परोक्ष तरीका नही है। यह एक भ्रम है जो कि जमानत प्रदान करने के औचित्य के विषय पर बना रहा है। इस न्यायालय ने जमानत के कानून के तात्विक आधार को गुरवचन सिंह बनाम राज्य (दिल्ली प्रशासन) ए.आई.आर. 1978 एस.सी 179, (1978 किमिनल एल.जे. 129) के मामले में विस्तृत रूप से बताया है।

माननीय उच्चतम न्यायालय ने दोबारा यह बताया कि ष्जैसा कि इस देश के आपराधिक न्यायशास्त्र में यह सिद्धांत आधारभूत रूप से समाहित है कि जमानत के क्षेत्राधिकार का उपयोग करते समय न्यायालय सामान्यतया ऐसा करते हैं और उन्हें ऐसा करना भी चाहिए कि जमानत प्रदान करने अथवा नही प्रदान करने के लिए पारित आदेशों के औचित्य के लिए उन्हें विस्तृत कारणो में नही जाना चाहिए। क्योंकि इस रीति का अनुसरण करने से अभियुक्त से निर्दोष होने की अवधारणा का सिद्धांत खतरे में पड़ जाता है एवं तब तक दोषी नही जब तक साबित नही का प्रभावी सिद्धांत बेअसर हो जाता है, तब भी जब सभी समझदार हितधारकों/व्यक्तियों ने हमेशा ही ऐसा माना है कि ऐसे विचार सिर्फ अनुमान आधारित होते हैं और अंतिम नही होते, जिनसे मामले के गुणदोष प्रभावित हों। (7)

जमानत प्रदान करने के स्तर पर, साक्ष्य का विस्तृत परीक्षण व विस्तृत कारण जो कि मामले के गुणदोष पर जाते हों को देने से बचना चाहिए। (8)

माननीय उच्चतम न्यायालय ने यह संज्ञान में लिया कि तीन पैमानों पर परीक्षण करना उचित रहते हुए भी क्या अन्य कारकों पर विचार

करने की अनुमति है और इस बिंदु पर माननीय न्यायालय ने यह दोबारा कहा कि जमानत प्रदान करने का आधारभूत न्यायशास्त्र एक ही है जहॉ तक इस सिद्धांत का प्रश्न है कि जमानत प्रदान करना एक नियम है व जमानत प्रदान करने से इंकार करना एक अपवाद, यह सुनिश्चित करने के लिए कि अभियुक्त का निष्पक्ष विचारण हो सके। यद्यपि, इस पर विचार करते समय न्यायालय को अपराध की गंभीरता को संज्ञान में रखना चाहिए। (9)

उपरोक्त के दृष्टिगत, यह निष्कर्ष दिया जाता है कि माननीय न्यायालय को जमानत प्रदान करने को मनाने के लिए, किसी भी याचिकाकर्ता द्वारा यह अभिकथन किया जा सकता है कि वह कानून को मानने वाला नागरिक है जो समाज से अच्छी तरह जुड़ा हुआ व्यक्ति है, वह अपना पासपोर्ट सरेंडर कर सकता है और जमानत प्रदान करते समय लगाये गये सभी शर्तों को मानने के लिए तैयार है और यदि आपराधिक मामला दस्तावेजों पर आधारित मामला है तो एक सम्मानित नागरिक की हैसियत से वह वर्तमान मामले में दस्तावेजी साक्ष्य से छेड़छाड़ नही करेगा जो कि वर्तमान मामले में इस समय अभियोजन के सुरक्षित व सुनिश्चित अधिपत्य में है और आगे यह भी कथन करता है कि यदि तीन पैमानों का परीक्षण याचिकाकर्ता के पक्ष में आता है एवं याचिकाकर्ता की जो भी भूमिका सकिय अथवा निष्क्रिय प्रथम सूचना रिपोर्ट में दर्शायी गई है, उसे जमानत पर रिहा किया जा सकता है।

नोट्स

1. संजय चंद्रा बनाम सी.बी.आई. 2011(4) आर.सी.आर.(क्रिमिनल) 898 सुप्रीम कोर्ट।
2. राज्य बनाम कप्तान जगजीत सिंह(1962)
3. राजस्थान राज्य बनाम बाचन्द(1977)
4. शाहजाद हसन खान बनाम इस्तीयाक हसन(1987)
5. गुड़ीकीर्ति नरासिंहमुल एवं अन्य बनाम लोक अभियोजन, ए.आई. आर. 1978 सुप्रीम कोर्ट सुप्रीम कोर्ट 429

6. मोहन सिंह बनाम केन्द्र शासित प्रदेश, चंडीगढ़, ए.आई.आर. 1978, 1095
7. काशीनाथ राय बनाम बिहार राज्य
8. पी.दिम्बरम बनाम सी.बी.आई.(आपराधिक अपील सं0 1603/2019
9. पी.चिदम्बरम बनाम प्रवर्तन निदेशालय (आपराधिक अपील सं. 1831/2019)

अध्याय-7

स्वापक औषधि और मन:प्रभावी प्रदार्थ अधिनियम NDPS अधिनियम) के मामलो में जमानत

स्वापक औषधि और मनः प्रभावी पदार्थ अधिनियम (NDPS Act) वर्ष 1985 मे बनाया गया था जिसके पीछे उददेश्य यह था कि मादक पदार्थो के सबंध में कानूनों को एकीकृत किया जाए, एवं नशीले दवाओं/पदार्थों एवं मनः प्रभावी पदार्थों के संचालन को नियंत्रित करने एवं विनियमत करने की दृष्टि से कठोर प्रावधान निहित किये गये।

इस अधिनियम के अपराधों को तीन वर्गों में वर्गीकृत किया गया है।

अल्प मात्रा

NDPS अधिनियम 1985 की धारा 37 के अनुसार इस अधिनियम के अंतर्गत आने वाले सभी अपराध संज्ञेय व गैर जमानती अपराध हैं। अर्थात यदि हम छक्दै अधिनियम की धारा 37 के प्रावधानों के अनुसार देंखे तो अल्प मात्रा से सबंधित मामले भी गैर जमानती हैं। हालांकि, यदि हम दंड प्रकिया संहिता के परिशिष्ट 2 को देखें तो इसके अंतर्गत दो वर्ष तक के कारावास की सजा वाले अपराधों को जमानती अपराध के रूप में वर्गीकृत किया गया है। कुछ ऐसे भी वाकयात्/घटनाएँ सामने आई जब NDP़ै अधिनियम 1985 के अंतर्गत न्यायालयों ने कम

मात्रा के अधिपत्य के आरोप में गिरफ्तार व्यक्तियों को भी NDPS अधिनियम 1985 की धारा 37 का हवाला देते हुए जमानत पर छोड़ने से इंकार कर दिया।

माननीय उच्च न्यायालय, दिल्ली ने पहली बार यह अवधारित किया कम मात्रा के अधिपत्य वाले मामले जमानती हैं इस तथ्य के रहते हुए भी कि NDPS अधिनियम 1985 में यह प्रावधानित है कि इस अधि ानियम के अंतर्गत किये गये सारे अपराध गैर जमानती व संज्ञेय प्रकशति के हैं। (1)

मध्यम मात्रा (व्यवसायिक/व्यापारिक मात्रा से कम)

उन अपराधों के लिए जो मध्यम मात्रा (व्यापारिक मात्रा से कम) के परिधि में आते हैं, धारा 37 के कठोर प्रावधान उन मामलो में लागू नही होते हैं एवं इस वर्ग के अपराध दंड प्रकिया संहिता 1973 की धारा 437 से शासित होते हैं।

व्यापारिक मात्रा

व्यापारिक मात्रा के अधिपत्य के अपराधों में सजा 10 वर्ष के कारावास से कम नही है और व्यापारिक मात्रा के अधिपत्य वाले अपराधों में जमानत मिलने पर छक्त्ै अधिनियम की धारा 37 के अंतर्गत प्रावधानित निषेध भी लागू होता है।

NDPS अधिनियम की धारा 37 के प्रावधान अनुसार अभियुक्त को तब तक जमानत प्रदान नही की जानी चाहिए जब तक कि ऐसा विश्वास करने का कारण विद्यमान न हो कि अभियुक्त द्वारा आरोपित अपराध–कारित नही किया गया है और साथ ही अन्य शर्तें यह भी हैं कि लोक अभियोजक को पहले ही नोटिस जारी कर दिया गया हो और अभियुक्त की जमानत पर छूटने की दशा में उसके द्वारा अन्य अपराध करने की संभावना नही होनी चाहिए।

माननीय उच्चतम न्यायालय ने महाराष्ट्र संगठित अपराध नियंत्रण अधिनियम 1999 (Mcoca) की धारा 21 के प्रावधान पर विचार करते

समय जो कि NDPS अधिनियम की धारा 37 के समान है यह प्रतिपादित किया कि जमानत याचिका पर विचार करते समय जो रूख अपनाया जाना चाहिए वह निम्न प्रकार से है:– (2)

"Mcoc की धारा 21(4) के अंतर्गत उन अपराधों में कोई अंतर नही किया गया है जिसकी सजा उम्रकैद है अथवा एक या दो वर्ष की कैद। इसके अंतर्गत इस बावत भी कोई प्रावधान नही है कि यदि कोई व्यक्ति तीन वर्ष से अधिक तक जेल में निरूद्ध रह गया हो, भले ही उसकी संलिप्तता इस प्रकार की हो कि अधिनियम की धारा 24 के प्रावधान आकृष्ट होते हो, उस स्थिति में न्यायालय को ऐसे व्यक्ति को जमानत पर छोड़ने की मनाही है। इसलिए प्रत्येक मामले पर उस मामले के तथ्यों के अनुसार विचार करना चाहिए।

अतः इस प्रश्न का निर्धारण कि क्या कोई व्यक्ति संगठित अपराध करने अथवा उस में सहायता प्रदान करने में लिप्त है, निष्पक्ष रूप व वस्तुनिष्ठ रूप से करनी चाहिए। सिर्फ इसलिए कि कुछ आरोप पत्र उच्च पद पर बैठे अधिकारी के विरूद्ध लगा दिये गये हैं जिसे नजरअंदाज नही किया जा सकता है अपने आप में पर्याप्त कारण नही हो सकता जिससे सबंधित व्यक्ति को लगातार जेल में रखा जा सके , जबकि निष्पक्ष रूप से विश्लेषण करने पर न्यायालय इस निष्कर्ष पर पहुॅच सकता है कि उस व्यक्ति के खिलाफ जो सबूत उपलब्ध है वह इस प्रकशति के नही हैं कि उसके आधार पर उसकी दोषसिद्धि हो सके।

परिस्थितिजन्य साक्ष्य के मामले में, जैसा कि वर्तमान मामला है, न सिर्फ अभियुक्त की आपराधिक मानसिकता अथवा दोष प्रथम दशष्टया रूप से सिद्ध किया जाना चाहिए बल्कि न्यायालय को यह भी विचार करना चाहिए कि क्या परिस्थितिजन्य साक्ष्य ऐसे प्रकशति की है जिससे कड़ी की श्रंखला पूर्ण हो जाती हो।

हमारे मत में, धारा 21(4) की जो शब्दावली है वह ऐसे निष्कर्ष पर नही ले जाती है कि न्यायालय को आवश्यक रूप से इस सकारात्मक निष्कर्ष पर पहुॅचता होगा कि जमानत के प्रार्थी ने अधिनियम के

अंतर्गत अपराध नही किया है अगर ऐसी व्याख्या की जाती है तो न्यायालय जो जमानत प्रदान की मंशा रखता है, उसे आवश्यक रूप से इस निष्कर्ष पर पहुँचना होगा कि प्रार्थी द्वारा ऐसा कोई अपराध नही किया गया है। ऐसी स्थिति में, अभियोजन के लिए अभियुक्त के विरूद्ध दोषसिद्धी का निर्णय पाना असंभव हो जायेगा। विधायिका की मंशा ऐसी नही हो सकती। अतः डबवबं की धारा 21(4) की व्याख्या युक्तियुक्त तरीके से की जानी चाहिए। इसकी व्याख्या इस प्रकार होनी चाहिए कि न्यायालय उन्मोचन व दोषसिद्धि का निर्णय देने में एक महीन संतुलन बनाये रखने मे समर्थ रह सके और जमानत देने का आदेश विचारण शुरू होने के पूर्व पारित कर सके। इसी प्रकार न्यायालय के लिए यह जरूरी होगा कि वह लिखित में अपना निष्कर्ष जमानत पर छूटने के बाद अपराध करने की संभावना के बारे में दे। यद्यपि भविष्य में किया जाने वाला ऐसा अपराध इस अधिनियम के अंतर्गत परिभाषित अपराध की श्रेणी में होना चाहिए और किसी अन्य अपराध के सबंध में नही होना चाहिए। चूँकि अभियुक्त के भविष्य में होने वाले आचरण की भविष्यवाणी करना कठिन है अतः इस मामले में न्यायालय को आवश्यक रूप से इस पहलू पर विचार करना चाहिए कि अभियुक्त के पूर्व आचरण का इतिहास कैस रहा है, उसकी प्रवृत्तियाँ कैसी हैं और उसके द्वारा आरोपित अपराध को करने का तरीका एवं अपराध की प्रकृति क्या रही है।

यह कि आगे यह भी वांछनीय है कि जमानत प्रदान करने की याचिका पर विचार करते समय, यद्यपि विस्तृत कारण बताना अनिवार्य नही है, फिर भी जमानत के आदेश को पारित करने में न्यायिक मस्तिष्क का प्रयोग दृष्टिगत होना चाहिए कम से कम गंभीर मामलो में, कि अभियुक्त को जमानत क्यों प्रदान की गयी अथवा उसे जमानत की सुविधा प्रदान करने से इंकार क्यों कर दिया गया।

इस प्रकम पर न्यायालय का दायित्व यह नही है कि वह साक्ष्य की बारीकियों का विश्लेषण करे, परंतु निष्कर्ष पर पहुँचने के लिए न्यायालय को वृहद संभावनाओं का आकलन करना है। यद्यपि विशेष अधिनियम जैसे कि डबवबं के मामलो पर विचार करते समय, उक्त

अधिनियम की धारा 21(4) में निहित प्रावधानों को ध्यान में रखते हुए, न्यायालय को मामले की गहराई तक जाना होगा यह जानने के लिए और इस निष्कर्ष पर पहुॅचने के लिए कि अनुसंधान के दौरान अभियुक्त के विरूद्ध जो साक्ष्य संकलित किये गये हैं के आधार पर उसके विरूद्ध दोसिद्धि का निर्णय देना शायद उचित नही होगा। जमानत प्रदान करते समय अथवा जमानत प्रदान करने से इंकार करते समय न्यायालय द्वारा जो निष्कर्ष दिये जायेंगे वह निश्चित रूप से अंतिम निष्कर्ष की प्रकशति के नही होंगे, जिससे मामले के गुण दोष पर कोई फर्क नही पड़ेगा और विचारण न्यायालय इसके लिए स्वतंत्र होगा कि वह न्यायालय के समक्ष प्रस्तुत साक्ष्य के आधार पर मामले का विचारण करे, बिना किसी रीति से पूर्वाग्रह से ग्रसित हुए।

माननीय उच्चतम न्यायालय द्वारा रणजीत सिंह ब्रहमजीत सिंह बनाम महाराष्ट्र राज्य ने प्रतिपादित सिद्धांतों को एक बार पुनः पुष्ट करते हुए दिल्ली उच्च न्यायालय में व्यापारिक मात्रा के अधिपत्य वाले मामले में भी एक अभियुक्त को नियमित जमानत दे दी।(3)

माननीय उच्चतम न्यायालय ने NDPS अधिनियम की धारा 37 के मामले में जमानत याचिका पर जो रूख अपनाया जाना चाहिए को विस्तार से बताया है जिसे नीचे प्रस्तुत किया जा रहा है। (4)

अधिनियम की धारा 37 के संदर्भ में जमानत याचिका पर विचार करते समय न्यायालय से यह अपेक्षा नही की जाती है कि न्यायालय निर्दोष होने का निष्कर्ष पारित करे। यह एक सीमित उददेश्य के लिए जो आवश्यक रूप से यही तक सीमित है जो अभियुक्त को जमानत पर छोड़ने से सम्बन्धित है एवं न्यायालय को सिर्फ यह देखना है कि क्या ऐसा विश्वास करने का युक्तियुक्त आधार है कि अभियुक्त दोषी नही है और इस बावत अपने संतुष्ट होने के आधारों को लिखित में अभिलेख पर ले आये। परंतु न्यायालय को मामले पर इस प्रकार से विचार नही करना है कि जैसे आरोप से उन्मोचित करने का निर्णय पारित कर रहा हो और निर्दोष होने का निष्कर्ष दे रहा हो।

इसके अतिरिक्त न्यायालय को यह निष्कर्ष अभिलेख पर लाना होगा कि अभियुक्त के जमानत पर रहने के दौरान उसके अपराध करने की संभावना नही है और ऐसे निष्कर्ष पर पहुँचने के लिए कुछ समाधानात्मक सामग्री भी अभिलेख पर होनी चाहिए।

रणजीत सिंह ब्रहमजीत सिंह बनाम महाराष्ट्र राज्य व एक अन्य निर्णय दिनांकित 07.04.2005 एवं भारत संघ बनाम शिवशंकर केसरी (2007) 7 एस.सी.सी. 798 के मामलो में प्रतिपादित सिद्धांतों को पुनः पुष्ट करते हुए दिल्ली उच्च न्यायालय ने व्यापारिक मात्रा के अधिपत्य वाले मामले में भी एक अभियुक्त को जमानत दे दी। (5)

संक्षेप में, सुसंगत कारक जिन पर विचार किया जाना चाहिए में पशष्ठभूमि, सामान्य चरित्र व पुलिस के पास उपलब्ध रिकार्ड, इत्यादि सम्मिलित है एवं विधि द्वारा स्थापित न्यायालय के द्वारा मामले के तथ्यों एवं परिस्थितियों के दृष्टिगत जमानत प्रदान की जा सकती है। अपराध की प्रकशति एवं गंभीरता और अभियुक्त का पूर्व आचरण भी न्यायालय के लिए जमानत याचिका का निस्तारण करते समय सुसंगत विचार करने योग्य पहलू है। अन्यथा भी, जमानत का प्रदान किया जाना एक नियम है और जमानत प्रदान करने से इंकार किया जाना एक अपवाद है। यह भी जब तक दोष साबित नही हो जाता तब तक अभियुक्त निर्दोष है। जमानत पर रिहा करते समय आपराधिक विधि/कानून के इन आधारभूत सिद्धांतों को ध्यान में रखना आवश्यक है।

नोटस्

1. मिन्नी खादिम अली कुहम बनाम राज्य (राष्ट्रीय राजधानी क्षेत्र, दिल्ली व अन्य, निर्णय दिनांकित 8 मई 2012
2. रणजीत सिंग, ब्रहमजीत सिंग शर्मा बनाम महाराष्ट्र राज्य व एक अन्य 2005 ए.आई.आर., एस.सी. डब्ल्यू 2215
3. राम नारायण बनाम राज्य निर्णय दिनांकित 24 मई 2005
4. भारत संघ बनाम शिव शंकर केशरी (2007) 7 एस.सी.सी. 798
5. अमरजीत सिंह बनाम डी.आर. आई. निर्णय दिनांकित 29 मई 2009

अध्याय-8

स्वापक औषधि और मन : प्रभावी पदार्थ अधिनियम के अंतर्गत व्यापारिक मात्रा के अधिपत्य के मामले में नियमित जमानत प्रदान करने में विचार योग्य कारक

निर्दोष होने की अवधारणा जब तक कि दोषी सिद्ध न कर दिया जाये अथवा जमानत एक नियम एव जेल एक अपवाद के आधारभूत सिद्धांत विशेष अधिनियमों जैसे कि NDPS Mcoc इत्यादि पर लागू नही होते हैं क्योंकि उन अधिनियमों के अंतर्गत आने वाले अपराध समाज के लिए सर्वाधिक गंभीर उपराध माने जाते हैं और वैसे अपराध ा समाज की अन्तःचेतना को झकझोर कर रख देते हैं।

यह भी कि छक्चै अधिनियम 1985 के अंतर्गत कारित अपराधों के असर व अपराध करने के झुकाव/प्रलोभन को देखते हुए, विधायिका ने अपनी सूझबूझ के अनुसार अभियुक्त पर ही दोषयुक्त मानसिक स्थिति/सोच की अवधारणा को समाहित कर दिया है अर्थात न्यायालय ऐसी मानसिक स्थिति (मंशा, उददेश्य, तथ्य की जानकारी अथवा विश्वास करने के कारण) की अवधारणा करेगा परंतु अभियुक्त को यह

बचाव उपलब्ध रहेगा कि वह यह साबित करे कि आरोपित कश्त्य को करने के सबंध में उसकी ऐसी मानसिक दशा नही थी।

स्वापक औषधि और मनःप्रभावी पदार्थ अधिनियम (NDPS अधि ानियम) 1985 वर्ष 1985 में बनाया गया था जिसके पीछे दृष्टि यह थी कि स्वापक/नशीले पदार्थों के सबंध में विधियों को एकीकृत एवं मनःप्रभावी पदार्थों के संचालन को नियंत्रित एवं विनियमित किया जाये।

NDPS अधिनियम अपराधों को तीन श्रेणियों में बॉटता है।

अल्प मात्रा

NDPS अधिनियम 1985 की धारा 37 के अनुसार इस अधिनियम के अंतर्गत आने वाले सभी अपराध संज्ञेय व गैर जमानती है। अर्थात यदि हम छक्च्ै अधिनियम 1985 की धारा 37 के अनुसार देंखे तो अल्प मात्रा के अधिपत्य वाले मामले भी गैर जमानती हैं।

माननीय उच्च न्यायालय दिल्ली ने पहली बार यह प्रतिपादित किया कि अल्प मात्रा के अधिपत्य वाले मामले/अपराध जमानती हैं, इस तथ्य के रहते हुए भी कि NDPS अधिनियम 1985 में यह उल्लिखित है कि सभी अपराध संज्ञेय व गैर जमानती हैं। (1)

मध्यम मात्रा (व्यापारिक मात्रा से कम मात्रा)

उन अपराधों में जहॉ मध्यम मात्रा अथवा व्यापारिक मात्रा से कम के अधिपत्य का मामला है वहॉ छक्च्ै अधिनियम 1985 की धारा 37 के कठोर प्रावधान लागू नही होते एवं उक्त श्रेणी के अपराध दंड प्रक्रिया संहिता 1973 की धारा 437 के प्रावधानों से शासित होते हैं अर्थात जमानत प्रदान करने के आधारभूत सिद्धांत जिन्हें अन्य संज्ञेय व गैर जमानती अपराधों के मामले में उपयोग किया जाता है।

मध्यम मात्रा के अधिपत्य वाले मामलो में गैर जमानती अपराधो में अपनाये जाने वाले मापदंड व विचार करने वाले कारकों को जानने के लिए ीजजचेरूध्धंचपसबींदकदंण्समहंसध्इंपस.सूं.पदण्दकपं बेवसाईट पर जाया जा सकता है।

व्यापारिक मात्रा

व्यापारिक मात्रा के अधिपत्य वाले मामलों में सजा दस वर्ष से कम की नही है एवं NDPS अधिनियम की धारा 37 के प्रावधान के अनुसार व्यापारिक मात्रा के अधिपत्य के अपराध में जमानत प्रदान करना निषेधित है।

NDPS अधिनियम 1985 की धारा 37 के प्रावधान के अनुसार अभियुक्त को तब तक जमानत नही प्रदान किया जाना चाहिए जब तक कि वह यह संतोषजनक रूप से सिद्ध न कर दे किः–

A. विश्वास करने का युक्तियुक्त कारण है कि अभियुक्त उक्त अपराध को कारित करने का दोषी नही है।

B. यह अतिरिक्त भार अभियुक्त पर है कि अभियुक्त द्वारा अपराध करने की संभावना नही है, यदि उसे जमानत पर छोड़ दिया जाये।

NDPS अधिनियम की धारा 37 के दोनो मापदंडो को पूरा करने के लिए, माननीय उच्चतम न्यायालय ने महाराष्ट्र संगठित अपराध नियंत्रण अधिनियम की धारा 21 के प्रावधानों का विश्लेषण करते हुए, जो कि छक्च्ै अधिनियम की धारा 37 के समरूप/समान है, ने जमानत याचिका पर फैसला देते समय जो रूख अपनाया जाना चाहिए को प्रतिपादित किया जो निम्ननुसार है। (2)

यह विश्वास करने का युक्तियुक्त आधार हो कि अभियुक्त द्वारा ऐसा अपराध नही किया गया है।

"Mcoca की धारा 21(4) के प्रावधान उन अपराधों के बीच कोई अंतर नही करता जिसमें उम्रकैद की सजा है अथवा जिस अपराध के लिए 1–2 वर्ष की सजा है। इस धारा में कोई ऐसा प्रावधान नही है कि यदि कोई व्यक्ति 3 वर्ष से अधिक के लिए कारावास में रह चुका हो तब भी जबकि उसकी भूमिका इस प्रकार की हो कि धारा 24 के प्रावधान लागू होते हों, न्यायालय को अभियुक्त को जमानत देने की मनाही है अतः प्रत्येक मामले को उसके तथ्यों के आधार पर विचार करना चाहिए।

यह प्रश्न कि, क्या वह संगठित अपराध को करने अथवा उसमें सहयोग करने मे लिप्त है अथवा नही पर निष्पक्ष रूप से विचार करना चाहिए।

सिर्फ इसलिए कि कुछ आरोप उच्च पद पर बैठे अधिकारी पर कुछ आरोप लगा दिये गये हैं जिन्हें नजरअंदाज नही किया जा सकता है अपने आप में पर्याप्त कारण नही है कि उस व्यक्ति को जेल में निरूद्ध रखा जाये यद्यपि मामले पर निष्पक्ष रूप से विचार करने पर न्यायालय इस निष्कर्ष पर पहुॅच सकता है कि उसके विरूद्ध प्रस्तुत साक्ष्य ऐसे प्रकशति के नही है जिससे उसे दोषसिद्ध किया जा सके।

परिस्थितिजन्य साक्ष्य पर आधारित मामले में, जैसा कि वर्तमान मामला है, ना सिर्फ अभियुक्त की आपराधिक मंशा अथवा दोष प्रथम दृष्टया साबित होनी चाहिए बल्कि न्यायालय को आवश्यक रूप से इस प्रश्न पर भी विचार करना चाहिए कि क्या परिस्थितिजन्य साक्ष्य इस स्वरूप के हैं कि श्रंखला की सारी कणियॉ पूर्ण हो चुकी हैं।

अभियुक्त को यदि जमानत पर छोड़ दिया जाता है तो उसके द्वारा अपराध करने की संभावना।

चॅूकि अभियुक्त द्वारा भविष्य में किये जाने वाले आचरण की भविष्यवाणी करना कठिन है अतः न्यायालय को आवश्यक रूप से मामले के इस पहलू पर विचार करना चाहिए कि अभियुक्त का पूर्व आचरण कैसा रहा है, उसका झुकाव किस ओर है और उसके द्वारा आरोपित अपराध को करने का तरीका व अपराध की प्रकृति क्या रही है।

यह कि आगे यह भी उचित है कि जमानत याचिका पर विचार किये जाते समय, यद्यपि विस्तश्त कारण बताया जाना आवश्यक नही है परंतु जमानत याचिका पर पारित किये गये आदेश आवश्यक रूप से यह प्रदर्षित करते हुए होना चाहिए कि न्यायिक मस्तिष्क का उपयोग किया गया है, कम से कम गंभीर अपराध के मामलो में कि प्रार्थी को जमानत क्यों प्रदान की गई अथवा उसे जमानत की सुविधा प्रदान करने से क्यों इंकार कर दिया गया।

इस प्रकम पर न्यायालय का कर्त्तव्य यह है कि वह साक्ष्य का मूल्याकंन सूक्ष्म रूप से न करे परंतु नतीजे पर संभावनाओं का आंकलन करते हुए पहुँचे।

यद्यपि विशेष अधिनियम जैसे कि डबवबं के मामले पर विचार करते समय, इस अधिनियम की धारा 21 की उपधारा 4 में निहित प्रावध ाान को दशष्टिगत रखते हुए, न्यायालय को मामले पर और अधिक गहराई से विचार करना पड़ सकता है यह निर्धारित करने के लिए व इस नतीजे पर पहुँचने के लिए कि अनुसंधान के दौरान अभियुक्त के विरूद्ध जो साक्ष्य/सामग्रियाँ जुटाई गई हैं के आधार पर अभियुक्त के विरूद्ध दोषसिद्धि का निर्णय देने का औचित्य नही भी हो सकता है।

न्यायालय द्वारा जमानत प्रदान करते समय अथवा जमानत प्रदान करने से इंकार करते समय जो निष्कर्ष दिये जायेंगे वह अनुमान पर आधारित प्रकृति के होंगे, जिसका मामले के गुणदोष पर कोई प्रभाव नही होगा और इस प्रकार विचारण न्यायालय विचारण के द्वारान इसके समक्ष प्रस्तुत साक्ष्य के आधार पर मामले का निर्णय देने के लिए स्वतंत्र होगा, बिना किसी तरीके से पूर्वाग्रहित हुए...'

माननीय उच्चतम न्यायालय ने अधिनियम की धारा 37 के संदर्भ मे जमानत याचिका पर फैसला करते समय अपनाये जाने वाले रूख की व्याख्या की है। (3)

''अधिनियम की धारा 37 के अंतर्गत जमानत याचिका को सुनने के दौरान न्यायालय से यह अपेक्षा नही की जाती है कि वह निर्दोष होने का निष्कर्ष दे''

यह एक सीमित उददेश्य के लिए होता है जिसमें आवश्यक रूप से सिर्फ यही प्रश्न होता है कि क्या अभियुक्त को जमानत पर छोड़ा जाना है और न्यायालय को सिर्फ यह विचार करना होगा कि क्या विश्वास करने के युक्तियुक्त कारण हैं कि अभियुक्त दोषी नही है और ऐसे आधार के होने के बावत संतुष्ट होने का कारण आदेश में उल्लिखित कर देना चाहिए।

परंतु न्यायालय को मामले में इस प्रकार विचार नही करना है जैसे कि वह दोषमुक्ति का आदेश पारित कर रहा हो और निर्दोष होने का निष्कर्ष दे रहा हो।

इसके अतिरिक्त न्यायालय को यह निष्कर्ष भी अभिलेख/आदेश में देना है कि जमानत पर रहने के दौरान अभियुक्त द्वारा अपराध कारित करने की संभावना नही है और ऐसे निष्कर्ष पर पहुॅचने के लिए कुछ कारक/सामग्री भी अभिलेख पर होनी चाहिए।

आज्ञापक प्रावधानों का पालन नही करना

चूॅकि NDPS अधिनियम के अंतर्गत किये जाने वाले अपराधों की सजा सर्वाधिक अवधि के कारावास से दंडनीय है अतः विधायिका ने अभियुक्त के अधिकारों की सुरक्षा के लिए और अभियुक्त को झूठा फंसाए जाने से बचाने के लिए कुछ आज्ञापक प्रावधानों की पालना को आवश्यक रूप से प्रावधानित किया है यथा धारा 42 अथवा धारा 50 के प्रावधानों का पालन, जिसका पालन नही करने का परिणाम यह होगा कि अभियुक्त आरोप से उन्मोचित/बरी हो जायेगा।

माननीय उच्चतम न्यायालय से नियमित जमानत देते समय यह अवधारित किया कि NDPS अधिनियम 1985 की धारा 42 का घोर उल्लघंन हुआ था और चूॅकि छक्चै अधिनियम की धारा 42 एक आज्ञापक प्रावधान है, अतः अभियुक्त को नियमित जमानत प्रदान की जाती है। (4)

प्रथम सूचना रिपोर्ट के अनुसार धारा 50 के आज्ञापक प्रावधानों का पालन नही किया गया और यह भी कि याचिकाकर्ता के खिलाफ कोई मामला लम्बित नही था।

इस प्रकार पंजाब और हरियाणा उच्च न्यायालय ने यह फैसला दिया कि अभियुक्त को नियमित जमानत प्रदान की जाती है। (5)

माननीय गुजरात उच्च न्यायालय अभियुक्त के पक्ष में विद्यमान निम्नलिखित कारकों पर विचार किया। (6)

1 विरोधाभास मौजूद है जहॉ तक किः–

i. जहॉ छापामारी की गई उस घर की स्थल आकशति में।

ii. घर का तल, भूतल अथवा प्रथम तल

iii. घर के मालिकाना हक व अधिपत्य के सबंध में

iv. जब्ती

2. जब्ती अथवा छापामारी के लिए उचित वारंट नही था।

3. छापामारी में धारा 42 के प्रावधानों का उल्लघंन किया गया अर्थात सूर्यास्त होने के बाद।

4. उस जगह पर अभियुक्त की उपस्थिति निश्चित नही थी।

5. कुछ 5 गवाह पक्ष द्रोही हो गये हैं और उन में से एक ने यह कथन किया है कि पुलिस ने सिर्फ उसका नाम लिख लिया था परंतु तथ्यों के बारे में प्रश्न पूछते हुए उसका कथन नही लिया गया।

6. एक गवाह विशिष्ट रूप से यह स्वीकार करता है कि प्रतिबंधित पदार्थ उसके सामने जब्त नही किया गया था एवं अभियुक्त को उसकी उपस्थिति मे गिरफ्तार नही किया गया था परंतु पुलिस ने उसे अभियुक्त की पहचान करने के लिए कहा था और इसलिए उसने अभियुक्त की पहचान की थी।

7. परिसर की स्वामिनी अथवा उसके पुत्र को परीक्षित नही किया गया था, जबकि वही सबसे अच्छे व्यक्ति होते यह सुनिश्चित करने के लिए कि घर अपीलार्थी को किराये पर दिया गया था और उसी के अधिपत्य में था।

अभियुक्त अवैध गतिविधियों से अनभिज्ञ था

माननीय उच्चतम न्यायालय ने सुजीत तिवारी बनाम गुजरात राज्य वाले मामले में दिनांक 28 जनवरी 2020 को दिये फैसले में यह अवधारित किया किः–

"मामले के गुण दोष पर विचार किये बिना हम यह महसूस करते हैं कि इस अभियुक्त का मामला अन्य सह–अभियुक्तों के मामले से बिल्कुल अलग है।"

इस बात की युक्तियुक्त संभावना है कि उसे आरोप से उन्मोचित किया जा सकता हैं

वह अपने गिरफ्तारी के दिनांक 04.08.2017 से जेल में निरूद्ध है अर्थात 2 वर्ष से अधिक अवधि से वह जेल में निरूद्ध है और वह एक 25 वर्ष का युवा व्यक्ति है। वह B.Tech स्नातक है।

अतः मामले के तथ्यों एवं परिस्थितियों मे हम यह महसूस करते हैं कि यह मामला एक उचित मामला है जिसमें अभियुक्त जमानत पाने का अधिकारी है क्योंकि इसकी संभावना है कि वह अपने भाई व समूह के अन्य सदस्यों द्वारा की जा रही अवैध गतिविधियों से अनभिज्ञ था।

जॉच के परिणामों की भिन्नता

माननीय दिल्ली उच्च न्यायालय ने यह प्रतिपादित किया किः– षैं यह पाता हूँ कि उन नमूनों के जिन्हें एक ही पैकेटे से लिया गया था जॉच परिणामों में अंतर इस बिंदु पर संदेह उत्पन्न करता है कि क्या माल मुकदमा वही है जिसे कथित तौर पर याचिकाकर्ता के कब्जे से प्राप्त होना कहा गया है।

यह एक निश्चित निष्कर्ष नही है और निश्चित निष्कर्ष विचारण के समय सामने आयेगा।

यद्यपि अभिलेख पर जो साक्ष्य/सामग्री लाई गयी है उससे प्रत्येक दशा में यह संभावना है कि याचिकाकर्ता को इस मामले में शायद दोषसिद्ध नही किया जाये।

आगे यह भी परखा जाना है कि क्या याचिकाकर्ता द्वारा जमानत पर रहने के दौरान किसी अपराध के किये जाने की संभावना है। (7)

स्वतंत्र दोष ठहरने योग्य साक्ष्य के अभाव में अभियुक्त द्वारा किया गया कथन अथवा स्वीकारोक्ति पर्याप्त नही है।

माननीय दिल्ली उच्च न्यायालय ने नियमित जमानत प्रदान करते हुए यह प्रतिपादित किया कि:–

"अभियोजन द्वारा कोई स्वतंत्र दोषसिद्ध करने योग्य साक्ष्य नही पाया गया, इसके अलावा कि सह–अभियुक्त द्वारा दोषसिद्ध करने योग्य कथन किया गया और साथ ही वर्तमान याचिकाकर्ता द्वारा स्वीकारोक्ति की गई।

याचिकाकर्ता भी दिये गये कथन से मुकर गया है एवं यह आधार लिया है कि उससे स्वीकारोक्ति उगलवाने के लिए बल, डराने व थर्ड डिग्री प्रताड़ना का उपयोग किया गया।

इसके अलावा, अभिलेख पर यह दर्शित करने के लिए कि याचिकाकर्ता पूर्व में किसी समान अपराध में लिप्त था कोई साक्ष्य नही है और इसको दर्शित करने के लिए भी कोई साक्ष्य नही है कि जमानत पर रहने की अवधि के दौरान, वह किसी अपराध को करने में लिप्त था। (8)

पुनः दिल्ली उच्च न्यायालय ने नियमित जमानत प्रदान करते हुए यह अवधारित किया कि:–

"याचिकाकर्ता के अधिपत्य से कोई बरामदगी नही हुई है।

इसके अलावा अभियोजन कहानी के अनुसार भी सह–अभियुक्त अथवा याचिकाकर्ता द्वारा किये गये कथन/स्वीकारोक्ति से भी दोषसिद्धि योग्य किसी सामग्री की बरामदगी नही हुई है।

उसी अनुरूप वर्तमान प्रकम पर याचिकाकर्ता एवं संदर्भित अपराध के लिए जाने के बीच जुड़ी हुई कड़ियों की मौजूदगी नही है। (9)

दिल्ली उच्च न्यायालय ने अपने एक निर्णय में जो कि नियमित जमानत देने के मामले से सबंधित था यह प्रतिपादित किया कि अभिलेख को देखने/परिशीलन करने पर यह स्पष्ट है कि अभियोजन के मामले में दो महत्वपूर्ण कड़ियॉ गायब हैं।

अभियोजन द्वारा याचिकाकर्ता का पूरा मामला, जहाँ तक याचिकाकर्ता का प्रश्न है, परिस्थितिजन्य है अर्थात यह पूर्ण रूप से सह–अभियुक्त के दिये गये कथन पर आधारित है जो कि अपने आप बिना किसी अन्य पुष्टिकारक साक्ष्य के ग्राहय नही है।

अभियोजन यह सिद्ध करने में सफल नही हुआ है कि संदर्भित अपराध व बैंक खातों के बीच कोई सबंध है, जहाँ कथित तौर पर याचिकाकर्ता पैसा जमा कर रहा था अथवा उन खाता धारकों से भी कोई सबंध स्थापित नही किया जा सका है।

सिर्फ इसलिए कि याचिकाकर्ता सह–अभियुक्त से टेलीफोन पर बात करता रहता था, अपने आप में यह याचिकाकर्ता को संदर्भित अपराध के लिए दोषी करार देने के लिए पर्याय नही होगा। याचिकाकर्ता से कोई बरामदगी नही हुई है।

मैं इस मत का हूँ कि NDP अधिनियम की धारा 37 में प्रावधानित जरूरतें पूर्ण हो चुकी हैं। जहाँ तक याचिकाकर्ता का प्रश्न है, यह विश्वास करने के लिए युक्तियुक्त कारण विद्यमान है कि याचिकाकर्ता उक्त अपराध के लिए दोषी नही है। (10)

माननीय उच्च न्यायालय दिल्ली ने एक अभियुक्त को नियमित जमानत प्रदान करते हुए यह अवधारित किया किः–

"जब अभियुक्त के स्वीकारोक्ति के अलावा कोई साक्ष्य अभिलेख पर उपलब्ध नही है, तो याचिकाकर्ता ने अपने मामले को इस प्रकार का दर्शित कर दिया है कि वह जमानत पाने का अधिकारी है" (11)

माननीय उच्च न्यायालय दिल्ली ने एक अभियुक्त को नियमित जमानत प्रदान करते हुए यह अवधारित किया किः 'याचिकाकर्ता को सह–अभियुक्त पुलकित रस्तोगी के द्वारा किये गये कथन आधार पर गिरफ्तार किया गया है, जिसके अधिपत्य से चरस और अफीम बरामद किया गया है।

परंतु याचिकाकाकर्ता की कार से कोई मनः प्रभावी पदार्थ बरामद नही किया गया है, ऐसी स्थिति में याचिकाकर्ता को नियमित जमानत प्रदान किया जान उचित है। (12)

समानता के सिद्धांत पर नियमित जमानत

अनुसंधान पूर्ण हो चुका है और चालान प्रस्तुत किया जा चुका है। अभियुक्त के और प्रस्तुत किये जाने वाले 8 गवाहों में से 3 गवाह परीक्षित किये जा चुके हैं। विचारण पूर्ण होने में कुछ समय अवश्य लगेगा। परिस्थितियों की समग्रता को देखते हुए और मामले के गुणदोष पर बिना कोई टिप्पणी किये हुए इस न्यायालय का सुनिश्चित मत यह है कि याचिकाकर्ता जमानत पर छोड़े जाने का अधिकारी है। याचिका स्वीकश्त की जाती है। (13)

वर्तमान मामले में अनुसंधान पूर्ण हो चुका है एवं चालान दिनांक 29.01.2015 को प्रस्तुत किया जा चुका है। विचारण अभी प्रारंभिक स्तर पर ही है।

यह भी, कि अन्य यह अभियुक्त को इस न्यायालय द्वारा नियमित जमानत प्रदान की जा चुकी है, वर्तमान याचिकाकर्ता भी लाभ पाने का अधिकारी है और तदनुरूप वर्तमान याचिकाकर्ता को नियमित जमानत प्रदान की जाती है। (14)

आरोप पत्र दाखिल किया जा चुका है, अनुसंधान पूर्ण की जा चुकी है और मामले में यह भी तथ्य है कि अन्य सह–अभियुक्त जिसने सामान भूमिका निभाई है, उसे इतने ही जजों की पीठ द्वारा आपराधिक प्रकीर्ण प्रार्थना पत्र संख्या 19710/2015 में आदेश दिनांकित 06.11.2015 द्वारा जमानत पर छोड़ा जा चुका है, मैं इस मत का हूँ कि यह एक उचित मामला है जहाँ विवेकाधिकार का प्रयोग करते हुए प्रार्थी को नियमित जमानत पर रिहा कर दिया जाये। (15)

NDPS अधिनियम के प्रावधान अंतर्गत जमानत–

NDPS अधिनियम की धारा 36(A)(4) के प्रावधान अंतर्गत व्यापारिक मात्रा के अधिपत्य वाले मामलों में चालान 180 दिनों के भीतर प्रस्तुत किया जाना होता है, वर्तमान मामलें में 183वें दिन प्रस्तुत कियास गया।

इस कारण अभियुक्त को बिना चुनौती, जमानत पर रिहा होने का अधिकार प्राप्त हो गया, अतः जमानत प्रदान कर दी गई। (16)

निष्कर्ष

अतः व्यापारिक मात्रा के अधिपत्य के मामलो में भी, यदि न्यायालय संतुष्ट है कि दोनो मानदंड अर्थात युक्तियुक्त आधार यह विश्वास करने का कि अभियुक्त ऐसे अपराधों को करने का दोषी नही है (NDPS अधिनियम के आज्ञापक प्रावधानों का पालन न होना यथा ध ारा 42 अथवा धारा 50, सहअभियुक्त अथवा अभियुक्त द्वारा किये गये कथन का अन्य स्वतंत्र दोषसिद्धि युक्त साक्ष्य से समर्थित नही होना इत्यादि) और साथ ही यह परिस्थिति कि अभियुक्त को जमानत पर छोड़ने की स्थिति में उसके द्वारा अपराध करने की संभावना नही है (अभियुक्त के पिछले आचरण को ध्यान में रखते हुए उसकी प्रवृत्ति एवं उसके द्वारा आरोपित अपराध को करने का तरीका) के सबंध में संतुष्ट होने पर न्यायालय व्यापारिक अधिपत्य के अपराध के मामलों में भी जमानत प्रदान कर सकता है।

नोटस्

1. मिन्नी खादिम अली कुन्ह बनाम राष्ट्रीय राजधानी क्षेत्र दिल्ली राज्य एवं अन्य निर्णय दिनांकित 8 मई 2012
2. रणजीत सिंग, ब्रहमजीत सिंग शर्मा बनाम महाराष्ट्र राज्य व एक अन्य 2005 ए.आई.आर., एस.सी. डब्ल्यू 2215
3. भारत संघ बनाम शिव शंकर केशरी (2007) 7 एस.सी.सी. 798
4. शारजा बानु उर्फ जनरथीनी उर्फ जनानी व एक अन्य बनाम राज्य आपराधिक अपील सं0 302/2004
5. सुदेश सिंह उर्फ तंडू बनाम पंजाब राज्य 2011(9) आर.सी.आर. (आपराधिक) 922
6. क्या इसे परिचालित/प्रचारित करना चाहिए बनाम गुजरात राज्य निर्णय दिनांकित 24 दिसम्बर 2014
7. राम नारायण बनाम राज्य निर्णय दिनांकित 24 मई 2005
8. राजेश शर्मा बनाम राजस्व निदेशालय निर्णय दिनांकित 16 नवम्बर 2018

9. नरोत्तम प्रधान बनाम राष्ट्रीय राजधानी क्षेत्र दिल्ली राज्य निर्णय दिनांकित 18 जनवरी 2019
10. दलीप सिंह बनाम लंगड़ा बनाम राज्य (राष्ट्रीय राजधानी क्षेत्र दिल्ली) निर्णय दिनांकित 14 जनवरी 2019
11. राहुल गुप्ता उर्फ रोशन उर्फ खल्ला बनाम राज्य निर्णय दिनांकित 5 जुलाई 2019
12. गौरव मावी बनाम राज्य निर्णय दिनांकित 28 फरवरी 2020
13. शशिकांत बनाम पंजाब राज्य निर्णय दिनांकित 4 अप्रैल 2014
14. बाबू राम उर्फ बाऊ उर्फ बाबू बनाम पंजाब राज्य निर्णय दिनांकित 2 मार्च 2015
15. जेनिसभाई ठकरसीभाई बनाम गुजरात राज्य निर्णय दिनांकित 3 दिसम्बर 2015
16. लखबीर खान बनाम पंजाब राज्य 2011 (9) आर.सी.आर (आपराधिक) 884

अध्याय-9

व्यापारिक मात्राः NDPS अधिनियम 1985 के अंतर्गत अंतरिम जमानत

NDPS अधिनियम 1985 की धारा 37 में निहित कठोर प्रावधानों के कारण व्यापारिक मात्रा के आधिपत्य के मामलों में नियमित जमानत पाना कठिन हो जाता है परंतु कुछ अवसरों पर ऐसी परिस्थिति उत्पन्न हो सकती है जिसमें अभियुक्त को 4 से 6 महीने की सीमित अवधि के लिए अंतरिम जमानत लेने की आवश्यकता पड़ जाये जो कि स्वास्थ्य कारणों पर आधारित हो सकता है जो उसके स्वयं के स्वास्थ्य कारणों से अथवा उसके परिवार के सदस्यों के स्वास्थ्य कारणों से अथवा अन्य किन्हीं कारणों से जरूरी हो सकता है।

हालांकि, जब भी माननीय न्यायालयों के समक्ष अंतरिम जमानत के लिए प्रार्थना पत्र दाखिल की जाती है जो छक्ै अधिनियम 1985 के अंतर्गत की जाती है तो एक भ्रम की स्थिति हमेशा बनी रहती है कि क्या छक्ै अधिनियम की धारा 37 में प्रावधानित शर्तें सिर्फ नियमित जमानत के मामलों पर लागू होंगी अथवा जब अभियुक्त, ''अंतरिम जमानत'' का अनुतोष चाहता है तब भी लागू होंगी।

इस बिंदु को निश्चित रूप से अवधारित करने के लिए न्यायमूर्ति संजीव खन्ना और न्यायमूर्ति आर0के0 गौबा की पीठ ने पहली बार जमानत से सबंधित कानून पर विस्तश्त चर्चा करने के बाद विधि को निश्चित रूप से अवधारित किया एवं NDPS अधिनियम 1985 के

अंतर्गत जमानत प्रदान करते समय चार सिद्धांतों को प्रतिपादित किया जो निम्न प्रकार है:– (1)

1. विचारण एवं अपीलीय न्यायालय अभियुक्त को दोषसिद्ध ठहराने के बाद उसे 'अंतरिम जमानत' प्रदान करने के लिए अधिकृत है एवं शक्ति धारित करते हैं जब असाधारण परिस्थितियों में इस अधिकार/शक्ति का प्रयोग करना उचित हो। इस शक्ति का उपयोग कभी–कभी किया जाना है, जब मामले के तथ्यों के अनुसार असहनीय दुख अथवा पीड़ा की स्थिति में थोड़े समय के लिए छोड़ना/रिहा करना उचित हो।

2. "अंतरिम जमानत" प्रदान करते समय अथवा प्रदान करने से इंकार करते समय विचारण/अपीलीय न्यायालय यह संज्ञान में रखेंगे कि NDPS अधिनियम की धारा 37/32। में कठोर प्रावधान है और सिर्फ तभी जब ऐसे विवश कर देने वाले/जरूरी कारण मौजूद हैं जिससे "अंतरिम जमानत" पर छोड़ा जाना उचित ठहराया जा सके, अंतरिम जमानत याचिका मंजूर की जानी चाहिए। न्यायालय को यह भी विचार करना चाहिए कि क्या अभियुक्त द्वारा समान अपराध/उल्लघंन करने की संभावना विद्यमान है अथवा नही।

3. "अंतरिम जमानत" प्रदान करने के प्रश्न पर विचार करते समय न्यायालय को यह विचार करना चाहिए कि क्या अभियुक्त/दोषसिद्ध बंदी को पुलिस अभिरक्षा में भेजना पर्याप्त होगा और न्याय की मंशा की पूर्ति को जायेगी, जिसके लिए अभियुक्त पर आक्षेपित अपराध की प्रकृति व उसके पिछले आचरण को ध्यान में रखना होगा।

4. जहॉ "अंतरिम जमानत" दिया जाना चाहिए, तो यह जरूरी सबसे अल्प अवधि के लिए प्रदान किया जायेगा एवं कुछ आरोपित शर्तों के अधीन भी प्रदान की जा सकती है। अंतरिम जमानत अंतरिम अवधि के लिए अथवा अल्प अवधि के लिए होनी चाहिए।

अथर परवेज बनाम राज्य के मामले में प्रतिपादित सिद्धांतो को दोहराते व उन्हें लागू करते हुए माननीय उच्च न्यायालय दिल्ली ने निम्नलिखित मामलो में अंतरिम जमानत प्रदान कियाः–

माननीय उच्च न्यायालय दिल्ली ने यह विचार करते हुए अंतरिम जमानत प्रदान की, कि याचिकाकर्ता की मॉ का स्वास्थ्य अच्छा नही है एवं याचिकाकर्ता की मॉ के स्वास्थ्य की स्थिति के बारे में निश्चित जानकारी है और याचिकाकर्ता के पूर्व आचरण को भी ध्यान में रखा गया कि पहले भी उसे अंतरिम जमानत प्रदान की गयी थी और अंतरिम जमानत की अवधि पूर्ण होने से पूर्व ही उसने आत्मसमर्पण कर दिया था। (2)

माननीय दिल्ली उच्च न्यायालय ने इस तथ्य को ध्यान में रखते हुए अंतरिम जमानत की याचिका मंजूर कर दी कि याचिकाकर्ता का पैतश्क घर बिल्कुल जीर्ण–शीर्ण अवस्था में है, घर में पूर्ण रूप से टूट–फूट हो चुकी हैं एवं मरम्मत की तत्काल में आवश्यकता है। (3)

माननीय उच्च न्यायालय दिल्ली ने इस तथ्य को ध्यान में रखते अंतरिम जमानत की याचिका मंजूर कर दी कि याचिकाकर्ता की बेटी बीमार है एवं उसे अपने पिता के सहायेग की जरूरत है।

माननीय उच्च न्यायालय दिल्ली ने इस तथ्य की संज्ञान में रखकर अंतरिम जमानत की याचिका मंजूर कर दी कि याचिकाकर्ता की पत्नी को दांये जॉघ के शल्य चिकित्सा, नाखूनों को हटाने एवं हडिड्यों की स्थिति में परिवर्तन करते हुए उसे दोबारा नई स्थिति में स्थापित करने की सलाह दी गई है। चिकित्सकीय आख्या/रिपोर्ट के अनुसार याचिकाकर्ता के पत्नी की शल्य चिकित्सा दिनांक 16.08.2018 को होनी है। चिकित्सक द्वारा यह अभिमत दिया गया है कि मरीज को ठीक होने में करीब 4 महीने का समय लगेगा।

अतः मामले के असाधारण परिस्थितियों को ध्यान में रखते हुए और साथ ही याचिकाकर्ता के पूर्व आचरण को देखते हुए उसे अंतरिम जमानत इस शर्त के साथ प्रदान कर दी गई कि अंतरिम जमानत की अवधि पूर्ण होने से पूर्व वह आत्मसमर्पण करेगा। (5)

नोट्स

1. अथर परवेज बनाम राज्य
2. राजेश शर्मा बनाम राजस्व निदेशालय
3. दिलशाद बनाम राज्य
4. विनोद बनाम राज्य (राष्ट्रीय राजधानी क्षेत्र दिल्ली)
5. राम अवतार बनाम राष्ट्रीय राजधानी क्षेत्र दिल्ली सरकार।

अध्याय-10

पॉक्सो (लैंगिक अपराधों को बालको का सरंक्षण) अधिनियम में जमानत प्रदान करने के लिए ध्यान देने योग्य पहलू व विचार करने योग्य आधार

पॉक्सो एक विशेष अधिनियम जिसे बालकों को लैंगिक हमले/उत्पीड़न से बचाने के लिए बनाया गया है एवं यह सुनिश्चित करने के लिए कि पॉक्सो अधिनियम के अंतर्गत अपराध करने का आरोपित व्यक्ति आरोपो से उतनी आसानी से नही बच निकले, अतः अधिनियम में धारा 30 के प्रावधान निहित किये गये जिसके अंतर्गत दोषी मानसिकता की अवधारणा की जाती है, जब तक कि उसका खंडन विधि अनुसार नही किया जाये।

मामले की संवेदनशीलता के कारण (चूँकि पीड़ित एक बच्चा है) एवं कठोर प्रावधानों के निहित होते हुए (अभियुक्त के विरूद्ध अवधारणा) पॉक्सो अधिनियम के मामले में जमानत प्राप्त करना काफी कठिन है, मेरे इस कॉलम/स्तंभ में, मैं कुछ ध्यान देने योग्य पहलू व विचार करने योग्य आधार साझा कर रहा हूँ जिन मामलो में अभियुक्तों को पॉक्सो अधिनियम के अधीन जमानत प्रदान की गई थी।

1. बिना किसी युक्तियुक्त कारण के शिकायत दर्ज करने में हुई देरी अथवा यहाँ तक कि किये गये अपराध के बावत अपनी माँ को भी 4 वर्षों तक नही बताना अभियुक्त के पक्ष में है और जमानत प्रदान कर दी गई। (1)

2. पीड़ित के धारा 161 व 164 के बयानों में विद्यमान तात्विक अंतर का लाभ अभियुक्त के पक्ष में जाता है एवं इस मामले में जमानत प्रदान कर दिया गया। (2)

3. पीड़ित के बयानों में की गई महत्वपूर्ण बढोतरी/सुधार एवं प्रथम सूचन रिपोर्ट दर्ज करने में हुई देरी का कोई स्पष्टीकरण नही देने का लाभ अभियुक्त के पक्ष में जाता है एवं जमानत प्रदान कर दी गई। (3)

4. पीड़ित द्वारा बार–बार अपना कथन बदलना अभियुक्त को लाभ देता है और इस मामले में जमानत प्रदान कर दी गई। (4)

5. अभियोक्त्री याचिकाकर्ता के मध्य दोस्ताना सबंध होने का तथ्य स्थापित, कोई भी साक्षी दोषसिद्धि होने योग्य कोई भी कथन याचिकाकर्ता के विरूद्ध नही करता है, अनुसंधान पूर्ण व आरोप पत्र दाखिल किया जा चुका है, लाभ अभियुक्त के पक्ष में देय और जमानत प्रदान की गई। (5)

6. पीड़िता एवं अभियुक्त ने आपस में शादी कर ली है, पीड़िता ने धारा 164 के अंतर्गत दिये गये अपने बयान में अभियोजन के मामले में समर्थन नही किया और पीड़िता को अभियुक्त से एक बेटी भी है, अभियुक्त को उक्त परिस्थितियों का लाभ देते हुए जमानत प्रदान किया गया। (6)

7. पीड़िता की आयु 17 वर्ष 11 महीने है, अभियुक्त से पिछले 3–4 सालों से दोस्ती में थी, सोशल मीडिया पर अभियुक्त से संपर्क में थी और कथित घटना के दिनांक को भी अभियुक्त और पीड़िता एक दूसरे से सोशल मीडिया पर संपर्क में थे, प्रथम सूचना रिपोर्ट सिर्फ और सिर्फ पीड़िता के परिवार वालों के दबाव के कारण दर्ज किया गया था, उक्त का लाभ अभियुक्त को दिया गया एवं जमानत प्रदान कर दी गई। (7)

8. चूँकि अभियुक्त 4 वर्षो से अधिक अवधि से अभिरक्षा/जेल में है जबकि अधिनियम की धारा 35 यह प्रावधानित करती है कि

न्यायालय द्वारा संज्ञान लेने के दिनांक से एक वर्ष के भीतर विचारण समाप्त किया जाना चाहिए, लाभ अभियुक्त को प्रदान किया गया व जमानत दे दी गई। (8)

9. पीड़िता की आयु 21 वर्ष की है, पीड़िता के द्वारा किये गये कथन के अतिरिक्त कोई भी सम्पुष्टिकारक साक्ष्य अभिलेख पर नही है, चिकित्सीय अथवा फोरेंसिक साक्ष्य/रिपोर्ट पीड़िता से जबरदस्ती लैंगिक सबंध स्थापित करने के तथ्य का समर्थन नही करते।

अभियोक्त्रि का मुख्य परीक्षण व कूट परीक्षण किया जा चुका है और पीड़िता को प्रभावित करने की कोई संभावना विद्यमान नही है, लाभ अभियुक्त को दिया जाता है व जमानत प्रदान की जाती है। (9)

10. अभियोक्त्रि ने स्वयं यह कथन किया है कि एक तरफ उसके परिवार व दूसरी तरफ अभियुक्त के परिवार के मध्य झगड़ा हो गया, जिसके बावत पुलिस ने कोई पूछताछ नही की बल्कि "पुलिस के कहने पर ही वर्तमान शिकायत उससे लिखित में लिया गया" न्यायिक दंडाधिकारी के समक्ष धारा 164 के अंतर्गत किये गये कथन में भी अभियोक्त्री ने न्यायालय को यह बताया कि "उसने जो भी कथन किया है वह उसे पुलिस और पड़ोसियों द्वारा कथन करने के लिए बताया गया था" उपरोक्त तथ्यों के दृष्टिगत लाभ अभियुक्त को दिया गया व जमानत प्रदान की गई। (10)

11. अभियोक्त्री अभियुक्त को जमानत पर दिये जाने का कोई विरोध नही कर रही है, साथ ही यह भी ध्यान रखते हुए कि अभियुक्त सिर्फ 25 वर्ष का है, अपराध के आरोप के पश्चात् का उसका आचरण व उसके परिवार द्वारा दिये गये आश्वासन को दृष्टिगत रखते हुए अभियुक्त को लाभ दिया गया और उसे जमानत प्रदान की गयी। (11)

12. अभियोक्त्री की साक्ष्य विचारण न्यायालय के समक्ष लेखबद्ध की जा चुकी है और अभियोक्त्री को प्रभावित करने की कोई

संभावना विद्यमान नही है, लाभ अभियुक्त को प्रदान करते हुए जमानत प्रदान किया गया। (12)

13. याचिकाकर्ता एवं शिकायतकर्ता के बीच पिछले 4 वर्ष से दोस्ती थी एवं शिकायत याचिकाकर्ता के माता पिता के कहने पर दर्ज की गई है। अनुसंधान अधिकारी द्वारा जो कॉल डिटेल रिकार्ड ;ब्क्त्द्ध हासिल की गई है उससे दर्शित है कि कथित घटना के बाद दिनांक 07.11.2017 को शिकायतकर्ता द्वारा याचिकाकर्ता के फोन पर कॉल देर शाम 9:00 बजे किया गया है और उसके बाद दिनांक 09.11.2017 को भी कॉल किया गया है जो कि एक बार 1105 सेकेंडो के लिए किया गया और इसका लाभ अभियुक्त को प्रदान किया गया व जमानत दे दी गई। (13)

14. अभियोक्त्री याचिकाकर्ता की दोस्त थी, याचिकाकर्ता के साथ घूमा करती थी और उसने याचिकाकर्ता को अनेकों प्रेम पत्र लिखे थे, जो कि याचिकाकर्ता के अधिपत्य में है जिसमें एक पत्र भी सम्मिलित है जिसमें अभियोक्त्री ने अपने खून से लिखा है, ष्माफ कर दो, मैं तुमसे प्यार करती हूँ, आरोप पत्र दाखिल किया जा चुका है, लाभ अभियुक्त को प्रदान करते हुए जमानत दे दी गई'' (14)

15. नाबालिग लड़की पर लैंगिक हमला करने/लैंगिक उत्पीड़न का जो आरोप याचिकाकर्ता पर लगाया गया था वह गलत था क्योंकि शिकायतकर्ता पक्ष द्वारा याचिकाकर्ता से पैसों की मांग की गई जिसे उसने देने से मना कर दिया। चिकित्सीय आख्या/रिपोर्ट से भी आरोप सिद्ध नही थे। साथ ही 90 दिनों के बीत जाने के बाद भी याचिकाकर्ता के खिलाफ आरोप पत्र दाखिल नही किया गया था। अतः याचिकाकर्ता को विधिक प्रावधान के अनुसार जमानत प्रदान कर दी गई। (15)

16. प्रार्थी के विरूद्ध अपराध के कारक बनते हुए नही पाये जाते हैं, चूँकि पीड़िता ने स्वंय अपना घर छोड़ा और प्रार्थी के घर चली गयी। उसे प्रार्थी द्वारा बहका कर नही लाया गया था एवं उसने

प्रार्थी के साथ अपनी इच्छानुसार विवाह भी कर लिया। यह भी कि प्रार्थी का कोई आपराधिक इतिहास नही है और वह दिनांक 13.11.2019 से जेल में है। न्यायालय उसे कुछ शर्तों के अधीन जमानत प्रदान करने के लिए तैयार हो गया। (16)

17. कोविड–19 महामारी के दश्ष्टिगत न्यायालयों के सीमित कार्य करने को देखते हुए विचारण में कुछ समय लगने की संभावना है और वर्तमान याचिकाकर्ता दिनांक 08.06.2019 से जेल में निरूद्ध है एवं संगत साक्षियों के कथन पहले ही लेखबद्ध किये जा चुके हैं, ऐसी स्थिति में याचिकाकर्ता को जेल में निरूद्ध रखने से किसी उददेश्य की पूर्ति नही होगी। अतः कुछ शर्तों के अधीन याचिकाकर्ता को जमानत पर रिहा कर दिया गया। (17)

यद्यपि पॉक्सो अधिनियम के अधीन जमानत प्राप्त करना कठिन है, परंतु अगर हम उन मानदंडो पर ध्यान दें जहॉ अभियुक्तों को जमानत प्रदान की गई, तो यह निष्कर्ष निकलता है कि न्यायालय कुछ शर्तों के अधीन न्यायहित में जमानत प्रदान कर सकती है।

नोट्स

1. अनु देवी बनाम हिमाचल प्रदेश राज्य प्रकीर्ण आपराधिक याचिका संख्या 187/2019
2. अमरजीत पाण्डेय बनाम राज्य (राष्ट्रीय राजधानी क्षेत्र, दिल्ली) जमानत याचिका सं. 2340/2017
3. भूषण मलिक बनाम राज्य (राष्ट्रीय राजधानी क्षेत्र, दिल्ली) जमानत याचिका संख्या 1545/2018
4. दिलशाद खान बनाम जमानत याचिका संख्या 2350/2018
5. जतिन सेठी बनाम राज्य जमानत याचिका संख्या 1995/2018
6. मनोज कुमार बनाम राज्य जमानत याचिका सं. 2552/2019
7. शशांक बनाम राज्य (राष्ट्रीय राजधानी क्षेत्र, दिल्ली) जमानत याचिका सं. 692/2019
8. संजय महावाल बनाम (7 नं0 वाला) सं. 18/2020
9. परमदीप बनाम (7 नं0 वाला) सं. 656/2019

10. राजीव चौहान बनाम (7 नं0 वाला) सं. 284/2018
11. राजीव गहलोत(7 नं0 वाला) सं. 2116/2018
12. रामकिशन उर्फ सोनू (7 नं0 वाला) सं. 599/2018
13. सोहन कुमार उर्फ सोनू तोमर (7 नं0 वाला) सं. 1294/2018
14. सन्नी बनाम (7 नं0 वाला) सं. 2558/2017
15. पारस राम बनाम राजस्थान राज्य 2019 (3)आपराधिक शिकायत सं. 487: 2019 (4) काईम्स 455)
16. कमलेश कुमार बनाम उत्तर प्रदेश राज्य अपराधिक प्रकीर्ण याचिका सं0 13901
17. अजायब सिंह उर्फ नायब बनाम पंजाब राज्य आपराधिक प्रकीर्ण याचिका सं0 11469/2020

अध्याय-11

लुक आउट सर्कुलर/नोटिस गिरफ्तारी अथवा जमानत

लुक आउट सर्कुलर क्या होता है एवं उसे कौन जारी कर सकता है और यह कब जारी किया जाता है? क्या लुक आउट सर्कुलर जारी होने से गिरफ्तारी हो जाती है? क्या सक्षम न्यायालय द्वारा LOC जारी होने के बाद भी अग्रिम जमानत प्रदान की जा सकती है?

लुक आउट सर्कुलर अथवा एल0ओ0सी0 दंड प्रकिया संहिता 1973 में कहीं भी परिभाषित नही है, यद्यपि सामान्य बोलचाल में, एल0ओ0सी0 का अर्थ एक दस्तावेज होता है अर्थात, प्राधिकारी द्वारा जारी एक पत्र जो कि विधि के प्रवर्तन करने वाली एजेंसियों द्वारा किसी व्यक्ति के आने अथवा जाने को रोकने, नजर रखने अथवा निगरानी करने के लिए जारी किया जाता है अगर वह व्यक्ति कानून के अंतर्गत किसी मामले में वांछित है। ऐसा सर्कुलर विधि प्रवर्तन एजेंसियों जैसे कि विदेश मंत्रालय, कस्टम्स एवं आयकर विभाग, सी0बी0आई0, पुलिस, प्रवर्तन निदेशालय इत्यादि द्वारा जारी किया जाता है कि आपराधिक मामले में वांछित व्यक्ति देश छोड़कर भागे नही। सामान्य तौर पर एल0ओ0सी0 तब जारी की जा सकती है अगर कोई व्यक्ति किसी मामले में जो कि उसके विरूद्ध दर्ज किया गया है में उपस्थित होने से भाग रहा हो और ऐसी आशंका है कि वह व्यक्ति देश छोड़ कर भाग सकता है। कुछ मामलों में, पुलिस भी कोर्ट जा सकती है यह आदेश जारी कराने के लिए कि किसी व्यक्ति को देश के बाहर जाने

से रोका जाये। जब वह व्यक्ति किसी मामले में संदिग्ध अभियुक्त है और यह आशंका बनी हुई है कि जॉच के बाद के प्रक्रम/स्तर पर वह जॉच में भाग नही लेगा।

एल0ओ0सी0 विभिन्न तरीकों की हो सकती है। एल.ओ.सी. को जारी करने के प्रारूप के अनुसार, तो सरकार को यह सूचित करने के लिए कि व्यक्ति जिसके विरूद्ध एल0ओ0सी0 जारी की गई है वह देश छोड़कर जा रहा है और उसके दस्तावेज जब्त किये जायें और उन्हें एजेंसी को भेज दिया जाये, उस व्यक्ति को देश में घुसने/आने से रोकने के लिए, जॉच एजेंसियों को सूचित करने के लिए विकल्प है। एल.ओ.सी. का उच्चतम स्तर/कठोरतम स्वरूप यह है कि सबंधित व्यक्ति को पुलिस को सौंप दिया जाये जिसके बाद सामान्यतया उस व्यक्ति को गिरफ्तार किया जाता है।

आधारभूत महत्वपूर्ण दिशा निर्देश जो कि भारतीय नागरिको के विरूद्ध एल0ओ0सी0 जारी करने के सबंध में गश्ह मंत्रालय द्वारा जारी की गई है उसके अंतर्गत निम्नलिखित 4 आधारभूत सिद्धांत बताये गये हैंः–

- एल0ओ0सी0 जारी करने के लिए देश के सभी इमिग्रेशन चेक पोस्ट पर निर्धारित प्रारूप में अनुरोध भेजना आवश्यक है।
- एल0ओ0सी0 जारी करने का अनुरोध हमेशा ही बिना किसी अपवाद के एक ऐसे अधिकारी के अनुमोदन से भेजा जाना चाहिए जो कि भारत सरकार के उप सचिव/राज्य सरकार के संयुक्त सचिव/जिला स्तर पर पुलिस अधीक्षक से नीचे के पद का अधिकारी नही होगा।
- वह एजेंसी जहॉ से एल0ओ0सी0 मूल रूप से जारी हुआ है उसे यह सुनिश्चित करना है कि, जिस व्यक्ति के सबंध में एल.ओ.सी. जारी की जानी है, उसका सम्पूर्ण विवरण निर्धारित प्रारूप में आवश्यक रूप से उल्लिखित है।
- विषय/संदर्भित व्यक्ति के नाम के अलावा एल.ओ.सी. में कम से कम पहचान के लिए तीन मानदंड उल्लिखित रहेंगे। एक

एल0ओ0सी0 एक वर्ष की अवधि के लिए वैध होता है। अगर उद्धम एजेंसी/मूल रूप से जारी करने वाली एजेंसी वैधता को एक वर्ष से अधिक के लिए बढाना चाहती है तो एक वर्ष की अवधि के समापन के पूर्व ही वह वैद्यता के विस्तार के लिए अनुरोध कर सकती है। अगर प्रस्तावित एक वर्ष की अवधि के भीतर वैधता को बढाने का कोई अनुरोध नही किया जाता है तो उस स्थिति में प्रवासन/इमिग्रेश अधिकारी एल0ओ0सी0 को स्थगित करने के लिए अधिकश्त है।

कुछ मामलों में संदर्भों में उल्लिखित आधिकारिक मेमोरेंडम के उल्लिखित दिशानिर्देशों के बिना पालन किये भी लुक आउट नोटिस जारी किये जा सकते हैं। प्रभावित व्यक्ति माननीय मानवाधिकार आयोग अथवा उच्चतर न्यायालयों का दरवाजा खटखटा सकता है और उसके हुए किसी घाटा अथवा क्षति के लिए हर्जाना मांग सकता है।

भारतीय दंड संहिता अथवा अन्य किसी कानून में प्रावधानित संज्ञेय अपराधों के मामले में जॉच एजेंसियां एल.ओ.सी. का रास्ता अपना सकती हैं, जहॉ अभियुक्त जानबूझकर गिरफ्तारी से बच रहा है अथवा गैर जमानती वारंट उसके विरूद्ध जारी होने के बावजूद अथवा अन्य कठोर कदम उठाने के बाद भी न्यायालय में उपस्थित नही हो रहा है और इस बात की संभावना है कि विचारण/गिरफ्तारी से बचने के लिए वह देश छोड़ कर भाग सकता है।

गश्ह मंत्रालय द्वारा अधिसूचित अधिकारी को एल.ओ.सी. जारी करने के लिए अनुसंधान अधिकारी लिखित में अनुरोध करेगा, जिसमें जरूरी विवरण एवं एल.ओ.सी. जारी करने के कारणों का उल्लेख करेगा। सिर्फ सक्षम अधिकारी एल.ओ.सी. को जारी करने का निर्देश जारी करेगा जिसके लिए वह उस आशय का आदेश जारी करेगा।

वह व्यक्ति जिसके विरूद्ध एल.ओ.सी. जारी किया गया है वह अनुसंधान अधिकारी के समक्ष उपस्थित होकर जरूरी रूप से जॉच में प्रतिभाग करे अथवा सबंधित न्यायालय के समक्ष आत्मसमर्पण करे

अथवा न्यायालय को इस बावत संतुष्ट करे कि एल.ओ.सी. उसके विरूद्ध गलती से जारी कर दी गई थी। वह उस अधिकारी से भी संपर्क कर सकता है जिसने एल.ओ.सी. जारी करने का आदेश पारित किया था और उसे स्पष्टीकरण दे सकता है कि एल.ओ.सी.गलत जारी किया गया और विचारण न्यायालय द्वारा जहॉ यह मामला विचाराधीन है, उच्च न्यायालय के द्वारा वापस भी लिया जा सकता है अथवा सबंधित व्यक्ति द्वारा प्रार्थना पत्र प्रस्तुत किये जाने की स्थिति में उस न्यायालय द्वारा भी जिसका कि सबंधित थाने पर क्षेत्राधिकार हो।

एल.ओ.सी. एक बलप्रयोग का तरीका है जिसके द्वारा सबंधित व्यक्ति को जॉच एजेंसी अथवा विधि द्वारा स्थापित न्यायालय के समक्ष आत्मसमर्पण करने के लिए मजबूर किया जा सके। निचली अदालतों का एल.ओ.सी को पुष्ट करने अथवा निरस्त करने का क्षेत्राधिकार उसके गैर जमानती वारंट को पुष्ट करने अथवा निरस्त करने के क्षेत्राधिकार के अनुरूप होना चाहिए।

माननीय उच्चतम न्यायालय के समक्ष यह प्रश्न विचार करने के लिए रखा गया कि क्या लुक आउट सर्कुलर जारी होने के बाद अग्रिम जमानत प्रदान की जा सकती है? उच्चतम न्यायालय ने उच्च न्यायालय के आदेश को अपास्त (1) करने के बाद यह अवधारित किया कि:—

"जैसा कि पहले ही कहा जा चुका है कि एक व्यक्ति जिसके खिलाफ लुक आउट सर्कुलर जारी किया चुका है वह दंड प्रकिया संहिता की धारा 438 के प्रावधानों के उपयोग करने के क्षेत्राधिकार के प्रयोग का आहवान नही कर सकता, चूॅकि इन दोनो पहलुओं को न्यायालय के संज्ञान में नही लाया गया था, इस न्यायालय द्वारा याचिकाकर्ता को आपराधिक मूल याचिका (मद्रास) सं. 8155/2018 में दिनांक 16.05.2018 को जो जमानत प्रदान की गई थी, उसे निरस्त किया जाता है अभियुक्त ने अग्रिम जमानत के निरस्तीकरण को उच्चतम न्यायालय के समक्ष ही चुनौती दी। यह कि माननीय उच्चतम न्यायालय ने अवलोकित किया एवं अवधारित किया कि

ष्आक्षेपित निर्णय में जो कारण दर्शित किये गये हैं को दृष्टिगत रखते हुए, हम इस मत के हैं कि पहले जो अग्रिम जमानत प्रदान की गई थी उसे निरस्त नही करना चाहिए था। तदनुरूप विचारण की अवधि के दौरान कोई बलपूर्वक/जबरदस्ती करने वाले कदम याचिकाकर्ता के विरूद्ध नही उठाये जाने चाहिए। विशेष अनुज्ञा याचिका (एस.एल.पी.) तदनुरूप निस्तारित की जाती है" (2) (महत्वपूर्ण भाग अंकित)

नोट्स

1. आदेश दिनांकित 26.07.2018 जो कि आपराधिक प्रकीर्ण याचिका सं. 5862/2018 में माननीय उच्च न्यायालय मद्रास स्थित मधुरै द्वारा पारित किया गया।
2. आदेश दिनांकित 22.04.2019 जो कि विशेष अनुज्ञा याचिका (आपराधिक) सं. 7282/2018 में पारित किया गया।

अध्याय-12

लुक आउट सर्कुलर का रद्द/निरस्त होना

लुक आउट सर्कुलर क्या होता है, इसे कौन जारी कर सकता है और यह कब जासरी किया जा सकता है? क्या एल.ओ.सी. जारी होने के पश्चात् गिरफ्तारी हो जाती है? क्या सक्षम न्यायालय द्वारा अंतरिम जमानत तब भी प्रदान की जा सकती है जब एल.ओ.सी. जारी की जा चुकी है?

लुक आउट सर्कुलर अथवा एल.ओ.सी. दंड प्रकिया संहिता 1973 में कहीं भी परिभाषित नही किया गया है परंतु आम बोलचाल की भाषा में यह एक दस्तावेज होता है अर्थात एक पत्र जो विधि प्रवर्तन एजेंसियों जैसे कि विदेश मंत्रालय, कस्टम्स/सीमा शुल्क विभाग/आयकर विभाग, सी0बी0आई0, पुलिस प्रवर्तन निदेशालय इत्यादि द्वारा वांछित व्यक्ति/अभियुक्त के आगमन/प्रस्थान (देश छोड़ने) को रोकने, नजर रखने के लिए जारी किया जाता है) संक्षेप में एल.ओ.सी. एक सर्कुलर है जो प्राधिकारियों द्वारा किसी मामले में वांछित अभियुक्त के देश छोड़कर भागने से रोकना सुनिश्चित करने के लिए जारी किया जाता है। सामान्य तौर पर एल.ओ.सी. तब जारी किया जाता है जब कोई व्यक्ति किसी मामले जो उसके विरूद्ध दर्ज किया जाता है में वांछित है और यह आशंका है कि वह व्यक्ति देश छोड़कर भाग सकता है। कुछ मामलों/परिस्थितयों में पुलिस न्यायालय के समक्ष यह प्रार्थना कर सकता है कि किसी व्यक्ति को देश से बाहर

जाने से रोका जाये वह व्यक्ति किसी मामले में संदिग्ध है और ऐसी आशंका है कि वह जॉच के बाद के प्रकम जॉच में प्रतिभाग नही करेगा।

माननीय उच्च न्यायालय दिल्ली ने पहली बार अपने एक निर्णय एक प्रस्तर–11 में उन परिस्थितियों को स्पष्ट किया जब एल.ओ.सी. जारी की का सकती है जो निम्नलिखित है। (1)

A. वह कौन से श्रेणी के मामले हैं जब जॉच एजेंसी लुक आउट सर्कुलर जारी करने/करवाने का रास्ता अपना सकती है और किन परिस्थितियो में?

B. लुक आउट सर्कुलर जारी करने/करवाने से पूर्व जॉच एजेंसियों को किस प्रकिया का पालन सुनिश्चित करना होगा?

C. उस व्यक्ति के पास अपने बचाव में क्या विकल्प उपलब्ध है जिसके विरूद्ध लुक आउट सर्कुलर जारी कर दिया गया है?

D. जब ऐसे मामले न्यायालय के समक्ष प्रस्तुत किये जाते हैं तो सबंधित न्यायालय की क्या भूमिका है, और किन परिस्थितियों में निचली अदालतें हस्तक्षेप कर सकती हैं?

इन प्रश्नों का उत्तर निम्नानुसार दिया गयाः–

A. भारतीय दंड संहिता अथवा अन्य कानूनों में परिभाषित संज्ञेय अपराध के मामलों में जॉच एजेंसियों लुक आउट सर्कुलर जारी करने/करवाने का रास्ता अपना सकती है, जहॉ अभियुक्त जानबूझ कर गिरफ्तारी से बच रहा था अथवा गैर जमानती वारंट जारी होने के बावजूद एवं अन्य दंडात्मक कदम उठाने के बाद भी वह विचारण के लिए उपस्थित नही हो रहा है और ऐसी संभावना थी कि अभियुक्त विचारण/गिरफ्तारी से बचने केलिए देश छोड़कर भाग सकता था।

B. गृह मंत्रालय द्वारा अधिसूचित अधिकारी को एल.ओ.सी. जारी करने के लिए अनुसंधान अधिकारी लिखित में अनुरोध करेगा, जिसमें जरूरी विवरण एवं एल.ओ.सी. जारी करने के कारणों का उल्लेख करेगा। सिर्फ सक्षम अधिकारी एल.ओ.सी. को जारी

करने का निर्देश जारी करेगा जिसके लिए वह उस आशय का आदेश जारी करेगा।

C. वह व्यक्ति जिसके विरूद्ध एल.ओ.सी. जारी किया गया है वह अनुसंधान अधिकारी के समक्ष उपस्थित होकर जरूरी रूप से जॉच में प्रतिभाग करे अथवा संबधित न्यायालय के समक्ष आत्मसमर्पण करे अथवा न्यायालय को इस बारे में संतुष्ट करे कि एल.ओ.सी. उसके विरूद्ध गलती से जारी कर दी गई थी। वह उस अधिकारी से भी संपर्क कर सकता है जिसने एल.ओ.सी. जारी करने का आदेश पारित किया था और उसे स्पष्टीकरण दे सकता है कि एल.ओ.सी. गलत जारी किया गया और उस विचारण न्यायालय द्वारा जहॉ यह मामला विचाराधीन है, उसके द्वारा वापस भी लिया जा सकता है अथवा सबंधित व्यक्ति द्वारा प्रार्थना पत्र प्रस्तुत किये जाने की स्थिति में उस न्यायालय द्वारा भी जिसका कि सबंधित थाने पर क्षेत्राधिकार हो।

D. एल.ओ.सी. एक बलप्रयोग का तरीका है जिसके द्वारा सबंधित व्यक्ति को जॉच एजेंसी अथवा विधि द्वारा स्थापित न्यायालय के समक्ष आत्मसमर्पण करने के लिए मजबूर किया जा सके। निचली अदालतों का एल.ओ.सी. को पुष्ट करने अथवा निरस्त करने का क्षेत्राधिकार उसके गैर जमानती वारंट को पुष्ट करने अथवा निरस्त करने के क्षेत्राधिकार के अनुरूप होना चाहिए।

उक्तानुसार याचिका निस्तारित की जाती है।

आधारभूत महत्वपूर्ण दिशा निर्देश जो कि भारतीय नागरिको के विरूद्ध एल0ओ0सी0 जारी करने के सबंध में गृह मंत्रालय द्वारा जारी की गई है उसके अंतर्गत निम्नलिखित 4 आधारभूत सिद्धांत बताये गये हैं:– एल0ओ0सी0 जारी करने के लिए देश के सभी इमिग्रेशन चेक पोस्ट पर निर्धारित प्रारूप में अनुरोध भेजना आवश्यक है। एल0ओ0सी0 जारी करने का अनुरोध हमेशा ही बिना किसी अपवाद के एक ऐसे अधिकारी के अनुमोदन से भेजा जाना चाहिए जो कि भारत सरकार के उप सचिव/राज्य सरकार के संयुक्त सचिव/जिला स्तर पर पुलिस अधीक्षक से नीचे के पद का अधिकारी नही होगा। वह एजेंसी जहॉ से एल0ओ0सी0 मूल रूप से जारी हुआ है उसे यह

सुनिश्चित करना है कि, जिस व्यक्ति के सबंध में एल.ओ.सी. जारी की जानी है, उसका सम्पूर्ण विवरण निर्धारित प्रारूप में आवश्यक रूप से उल्लिखित है। विषय/संदर्भित व्यक्ति के नाम के अलावा एल.ओ. सी. में कम से कम पहचान के लिए तीन मानदंड उल्लिखित रहेंगे। एक एल0ओ0सी0 एक वर्ष की अवधि के लिए वैध होता है। अगर उद्भम एजेंसी/मूल रूप से जारी करने वाली एजेंसी वैधता को एक वर्ष से अधिक के लिए बढाना चाहती है तो एक वर्ष की अवधि के समापन के पूर्व ही वह वैद्यता के विस्तार के लिए अनुरोध कर सकती है। अगर प्रस्तावित एक वर्ष की अवधि के भीतर वैधता को बढाने का कोई अनुरोध नही किया जाता है तो उस स्थिति में प्रवासन/इमिग्रेश अधिकारी एल0ओ0सी0 को स्थगित करने के लिए अधिकश्त है।

लुक आउट नोटिस का निरस्तीकरण

यद्यपि, एक प्रभावित व्यक्ति विचारण न्यायालय, माननीय मानवाधि ाकार आयोग अथवा उच्चतर न्यायालयों का दरवाजा खटाखटा सकता है जिसके लिए वह रिट याचिका दायर कर सकता है और एल.ओ.सी. निरस्तीकरण की प्रार्थना कर सकता है और साथ ही विदेश जाने की अनुभूति मांग सकता है तथा किसी घाटे अथवा किसी पीड़ा के एवज में क्षतिपूर्ति की भी मांग कर सकता है।

एल.ओ.सी. का उददेश्य उस अभियुक्त को पकड़ना है, जो गिरफ्तारी से बच रहा है एवं गैर जमानती वारंट जारी होने के बाद भी विचारण न्यायालय के समक्ष उपस्थित नही हो रहा है। मामले में ऐसा कुछ अभिलेख पर नही है जिससे यह माना जा सके कि अपीलार्थी/इस प्रकम पर विचारण से बच के भागेगा क्योंकि अभियुक्त पहले ही जॉच में प्रतिभाग कर चुका है और इससे किया जाने वाला अनुसंधान पूर्ण हो चुका है। (2)

एल0ओ0सी0 जारी करने से पूर्व वाली परिस्थितियॉ विद्यमान नही है और वास्तव में वर्तमान मामले में एल.ओ.सी. पूर्व की जरूरी परिस्थितियॉ विद्यमान नही हैं। आपेक्षित एल.ओ.सी. निरस्त होने योग्य है अतः इसे निरस्त किया जाता है। (3)

लुक आउट सर्कुलर जारी होने के लिए कारण विद्यमान होने चाहिए एवं यह कारण एलओसी एवं अभिलेख पर उपलब्ध सामग्री के अवलोकन से दर्शित होना चाहिए, अभिलेख पर एलओसी जारी करने के लिए कोई ठोस कारण दर्शित नही है। सिर्फ इस आशंका के अलावा कि याचिकाकर्तागण देश छोड़कर जा सकते हैं और अनुसंधान के उददेश्य के लिए उपस्थित नही रहेंगे। प्राधिकारी के द्वारा की गई आशंका कारणों का आधार नही बन सकती है। इसके अलावा एल.ओ.सी. जारी करने का अनुरोध सहायक पुलिस अधीक्षक द्वारा किया गया है जो कि आधिकारिक मेमोरेंडम दिनांकित 27.10.2020 के प्रावधान अनुसार याचिकाकर्ताओं के विरूद्ध एल0ओ0सी0 जारी करने के लिए सक्षम प्राधिकारी नही है।(4)

माननीय बम्बई उच्च न्यायालय ने यह अवधारित किया है कि सीबीआई द्वारा यह आशंका जाहिर की गई है कि याचिकाकर्तागण भारत छोड़कर भाग जायेंगे और कभी भारत नही लौटेंगे, परंतु ऐसी आशंका का समर्थन करने के लिए अभिलेख पर कोई सामग्री उपलब्ध नही है जबकि इसके विपरीत याचिकाकर्ता अनुसंधान के उददेश्य से यहाँ उपलब्ध/उपस्थित है। (5)

नोट्स

1. सुमेर सिंह सलकन बनाम सहायक निदेशक व अन्य रिट याचिका (आपराधिक) 1315/2008
2. रिट याचिका सं. 384/2014 मार्टिन बनाम पुलिस उपायुक्त व अन्य।
3. रिट याचिका सं. 21305 एवं 20798/2017 कार्तिक पी.चिदम्बरम बनाम इमिग्रेशन ब्यूरो व अन्य मामले में।
4. रिट याचिका सं0 70678–10679/2019 प्रासनाथ वी हेगड़े बनाम इमिग्रेशन ब्यूरो व अन्य मामले में।
5. आपराधिक रिट याचिका सं. 263/2019 अफजल जफर खान बनाम अधिकारी, सीबीआई ए.सी.बी. कार्यालय व अन्य।

कपिल चांदना, अधिवक्ता अपराध शास्त्र में गहरी रूचि रखते हैं जिन्होंने सम्मानित दिल्ली विश्वविद्यालय से स्नातक की उपाधि प्राप्त की की। वह आपराधिक विधि के क्षेत्र में कार्य कर रहे हैं और 8 वर्षों से अधिक सफलतापूर्वक कर रहे हैं। उन्होंने कानून के बहुत सारे क्षेत्रो में अनुभव प्राप्त किया है परंतु वह आपराधिक विचारण (धोखाधड़ी, डकैती, फिरौती, हत्या, धन शोधन निवारण, एन.डी.पी.एस., पॉक्सो, बलात्कार) शादी से सबंधित विवाद जैसे तलाक, घरेलू हिंसा, बच्चे की अभिरक्षा का अधिकार एवं सबंधित मामलों में जमानत (अग्रिम व नियमित) में विशेषता हासिल कर रहे हैं।

वह जमानत के कानूनों में उससे सबंधित कार्यप्रणाली जो भारत में अपनायी जाती है, के प्रति उत्साह रखते हैं, भारत में न्याय निर्णयों में बढती जटिलता को देखते हुए लेखक कपिल चंदना ने जमानत से सबंधित कानूनों के सरलीकरण के उददेश्य से लिखना शुरू किया।

लेखक का यह विश्वास है ''स्वंतत्रता'' हमारे भारत के संविधान द्वारा दिया गया सबसे महत्वपूर्ण एवं प्रिय अधिकार है जो कि किसी व्यक्ति को प्रदान किया गया है। इस तथ्य के रहते हुए भी हमारा संविधान दुनिया के लिखे गये संविधानो में एक सबसे बड़ा संविधान है परंतु अनुच्छेद 21 द्वारा स्वतंत्रता का अधिकार जो प्रदान किया गया है वह अपने आप में पूरे संविधान की आत्मा/प्राण है।

लेखक का यह भी विश्वास है कि ''जमानत एक नियम है जेल एक अपवाद'' एवं 'निर्दोष होने की अवधारणा, जब तक दोषी साबित न कर दिया जाये अभियुक्त को अनिश्चित काल तक जीवन जीने एवं स्वतंत्रता के अधिकार से वंचित नही रखा जाना चाहिए एवं विचारण से पूर्व हिरासत/जेल में रखने को दण्डात्मक स्वरूप में उपयोग नही किया जाना चाहिए।

बेवपेजःwww.kapilchandna.legal
Email: advocate.kapilc@gmail.com
Mob:+919899011450, +91-9911218741
लेनिन मीडिया–www.leninmedia.com